本书由鲁迅美术学院学术著作出版基金资助出版

高校新校区建设项目管理研究

张名硕◎著

新华出版社

图书在版编目（CIP）数据

高校新校区建设项目管理研究 / 张名硕著. --北京：
新华出版社，2021.8

ISBN 978-7-5166-5974-8

Ⅰ.①高… Ⅱ.①张… Ⅲ.①高等学校—基本建设项
目—项目管理—研究—中国 Ⅳ.①G647
中国版本图书馆 CIP 数据核字（2021）第 146608 号

高校新校区建设项目管理研究

作　　者：张名硕

责任编辑：徐文贤　高映霞　　　　　　　封面设计：贝壳学术

出版发行：新华出版社

地　　址：北京石景山区京原路 8 号　　　邮　　编：100040

网　　址：http://www.xinhuapub.com

经　　销：新华书店、新华出版社天猫旗舰店、京东旗舰店及各大网店

购书热线：010-63077122　　　　　　中国新闻书店购书热线：010-63072012

照　　排：北京贝壳互联科技文化有限公司

印　　刷：天津和萱印刷有限公司

成品尺寸：170mm×240mm　1/16

印　　张：11　　　　　　　　　　　字　　数：151 千字

版　　次：2021 年 8 月第一版　　　　印　　次：2021 年 8 月第一次印刷

书　　号：ISBN 978-7-5166-5974-8

定　　价：56.00 元

| 前　言 |

　　随着我国经济不断增长，高等人才的需求量也逐渐增加。为了满足全社会对人才的需求，我国高等院校办学规模及招生规模不断扩大。高等院校原有的教育教学和科研设施已经无法适应招生规模扩大后的教育、教学、科研等工作的需求。为此，我国大部分高等院校逐步展开了新校区项目的建设工作。高校新校区建设项目对于每个高校来说都是一项十分重要的工作。高校新校区建设项目可以助力高校教育事业的长期规划发展，可以助力高校完成现阶段的建设目标，可以为国家和社会培养更多优秀的高级人才，可以使高校拥有更广阔更先进的空间开展科学研究工作。

　　高校新校区建设项目是一项复杂而且系统的工程。高校新校区建设项目的管理涉及多个方向和专业。基于此，本书以鲁迅美术学院新校区建设项目管理为例，以项目管理和建设项目管理等相关理论为理论基础，根据高校新校区建设项目自身的特点，结合作者在实际工作中总结的经验和教训，努力构建完整有效、科学合理的高校新校区建设项目管理模式。按照高校新校区建设项目的开展顺序，对每个过程的管理均给予研究，找到管理工作重点，有的放矢地对高校新校区项目建设过程中的投资控制、进度控制、质量控制、安全管理、合同管理、信息管理及参建各方关于现场工作关系的协调工作加以研究管控。本书将体现以人为本的建设理念，创建

1

环境优美、适用性强的新校区作为最终建设管理目标。本书力求立论谨严，观点鲜明，具有理论创新性，理论概括富有个性见解。

由于时间仓促以及水平有限，书中难免存在不妥之处，恳请读者批评指正。

作　者

2021 年 7 月

| 目　录 |

绪　论

近年来，我国高等教育的受众方向由原来的精英化向大众化逐步转变，我国高等教育事业迎来黄金时期，并得到了快速发展。全国大部分高等院校通过扩大招生规模、院校合并等方式方法，在校学生人数、教育教学规模、科研规模、总体师资力量、基础技术设备设施等方面得到了很大的提升。原有的教育教学用房、科研用房等办学必要的硬件条件已经满足不了当前高等院校办学规模的需要，二者之间矛盾日渐凸显。为了从根本上解决这一矛盾，我国大部分高等院校逐步展开了新校区的建设。同时，随着我国城镇化进程的不断加快，部分高等院校老校区的地理位置已经阻碍了现下的城市规划发展，因此，对于此类高等院校的老校区需要进行整体的迁移。这类高校也需要开展新校区的建设工作。

高校新校区的建设是一项复杂且系统的工作，所以对于高校新校区建设项目的管理工作也应该是复杂且系统的。从高校新校区建设项目的决策阶段、规划设计阶段、招标投标阶段、实施阶段到竣工验收结算阶段，高校新校区建设项目管理涉及高校新校区建设项目的整个建设周期。高校新校区建设项目具有占地投资规模大、工期要求紧、建设周期长、工程项目组成多样且复杂等特点。另外，高校新校区建设项目管理涉及的方向和专业众多。当前高等院校的新校区建设项目还存在资金来源不明确、不重视前期规划等不合理现象。

由于高等院校的业务特殊性，高校新校区建设项目的管理工作不一定在高等院校自身管理能力范畴之内，高校新校区建设项目的管理工作还有不少困难，例如，缺乏专业技术人员、管理人员专业技术水平达不到高校新校区建设项目的管理工作需求、管理人员专业技术能力偏低、管理人员缺少建设项目管理实际经验、项目管理方法陈旧、项目管理不系统等，以上这些情况给开展高校新校区建设项目工作带来了很多困难。这些情况都在不同程度上限制了高等院校新校区建设项目的进展。

综上所述，做好高校新校区建设项目的管理工作，使有限的建设项目投资获得更好的社会效益和经济效益，是目前各高校新校区建设项目的管理工作亟待解决的重要问题。本书研究方向立足于以下目的：既要根据高校新校区建设项目管理工作的特点进行经验性的总结，又要根据各个高等院校的具体情况和特点进行系统的研究和分析，制定出符合本校新校区建设项目实际情况的、完善的、适用性和实用性兼备的新校区建设项目管理模式和科学合理的管理方法。对高校新校区建设项目的事前、事中、事后全过程进行严格的控制和管理，并且通过组织措施、技术措施、经济措施等手段对其进行管理。这样才能使高校新校区建设项目的质量控制、进度控制和成本控制等目标得以实现。

本书以高校新校区建设项目为研究对象，依据工程项目管理相关理论，结合鲁迅美术学院新校区建设项目的实际工作经验，按照高校新校区建设项目各个阶段的开展顺序，对每个阶段的项目管理工作均给予研究，找到高校新校区建设项目管理工作重点，有的放矢地对高校新校区建设项目过程中的投资控制、进度控制、质量控制、安全管理、合同管理、信息管理及参建各方关于现场工作关系的协调工作加以研究管控。对高校新校区建设项目全过程的各个阶段的管理工作进行总结和反思，努力构建完整有效、科学合理的新校区建筑创新管理模式和管理方法，并对高校新校区建设项目全过程各阶段严格管控管理，确保各项指标控制在合理范围之内，将创建环境优美、适用性强的新校区作为最终管理目标。

第一章

基础理论

第一节　项目管理的理论基础

项目管理在理论上存在着多种学科相互交叉的特性，在实际应用中又有应用面广的特性。所以，项目管理已成为当前科研的一个热点方向。行业内诸多资深学者均对这一新兴的管理学分支科目进行了深入的研究和剖析。因此，项目管理的理论基础已经基本完善，具体如下：

一、项目管理的内涵

在近些年的研究文件中，项目的特征定义有着很多不同的表述，通过对各类资料的分析研究归纳，项目通常有以下一些基本特征：1. 项目开展是为了实现一个或一组特定目标；2. 项目要综合考虑范围、时间、成本、质量、资源、沟通、风险、采购及相关方等十大知识领域的整合；3. 项目具有复杂性和一次性的双重特性；4. 项目是以客户为中心的；5. 项目是各种要素的系统集成。

项目的定义，一般可以理解为：具有资源、时间限制和特定目标要求的一次性任务。在实际应用中我们也发现，随着社会的发展进步，项目的定义和特征也在不断地发展变化，项目所包括的范围也在不断地扩大。在日常的工作领域中，项目管理得到了广泛的应用。如果把日常工作都当成一个个的项目，并应用项目管理技术对这些项目进行管理，这种管理模式就形成了项目化的管理或称之为服务于项目的管理，这种创新的管理模式重新定义了项目的内涵定义。

随着项目内涵定义的拓展，项目管理的内涵定义也发生了改变。项目管理工作人员的工作内容的不断丰富和对项目管理工作人员能力的要求不断提高是项目管理发展进程中最大的变化。在现代项目管理中，项目管理的工作人员由原来的项目执行者，变成要胜任更为广泛工作的工作人员。所以，对项目管理工作人员所具有的知识结构和所能达到的能力要求更为严格。

基于项目的管理角度研究，现代项目管理不再仅是原来意义上的对项目的管理，所需要考虑的管理范围也不仅仅是局限于某一个项目点。现代项目管理需要考虑整体大局组织的整体目标，并开展持续不断地管理活动为实现整体大局的整体目标而努力。项目管理的现代定义为：项目管理是基于接受的管理原则的一套技术方法，以项目及其资源为对象，运用技术方法或系统的理论对项目进行计划、评估、控制、组织、实施和管理的工作活动，按计划时间、按预算价格、依据规范标准达到理想的最终效果，以实现项目目标的管理方法体系。

项目管理是基于项目的科学的管理方法体系中的一种，是管理学范畴的一个分支体系。从纵向来看，项目管理是对应于上层系统的战略管理，它的任务是将经过战略研究决策的项目计划付诸实施，用一整套项目管理的技术方法确保在约束条件下实现计划的目标；从横向来看，项目管理对应于企业管理、行政管理和生产管理等，与之区别在于具有不同的管理对象和管理方法。项目管理中的感性问题，如项目过程中的思维、行为、情感、适应性、交叉文化问题、项目经理的领导艺术等，在项目管理的发展中都得到了整体的提升和弱化。

通过对近年来的项目管理相关文献的研究，项目管理的学科发展进步主要表现出以下四个特点：1. 大量新兴概念的出现。随着项目管理知识体系的不断完善，项目管理与组织管理、战略理论和企业管理等学科的结合得更为紧密并随之诞生；2. 对项目的管理内容范畴从项目执行阶段拓展到需要系统地考虑项目全周期；3. 由于高新技术产业和科学研发项目的需求不断增大，赋予了项目管理战略性、风险性、竞争化、规模化、复杂化、高附加值和信息密集等明显特征；4. 在需求不断扩大的情况下，项目管理的技术和方法逐渐成熟，尤其是计算机与信息技术支撑平台的性能不断升级，大大地提高了项目信息沟通和管理的效率。

项目管理的主要目标：满足项目的实际需求与对未来的期望；满足项目各个利益相关方的不同需求与对未来的期望；满足项目已经识别的实际需求与对未来的期望；满足项目尚未识别的实际需求与对未来的期望。

二、项目管理的知识体系

在现代项目管理知识体系中，通常把项目管理划分为 9 个知识领域。即：项目范围管理、时间合理性管理、成本费用控制管理、质量控制管理、人力资源管理、风险控制管理、沟通成本管理、采购与合同管理和综合管理。

（一）核心知识领域

由于具体项目的项目目标是由项目范围管理、时间合理性管理、成本费用控制管理和质量控制管理这几方面形成的，因此，这几方面在项目管理中起到主导作用，被称为核心知识领域，具体内容如下：

1. 项目范围管理

实质上是指一种功能管理，确定为成功完成项目所要做的全部工作；对项目所要完成的工作内容进行规划、控制的过程和活动；由启动、范围计划编制、范围定义、范围核实和范围变更控制构成。

2. 项目时间合理性管理

合理地安排项目时间是项目管理中一项关键内容，用来保证能够按计划完成项目所需的各个过程，它的目的是保证按时完成项目、合理分配资源、发挥最佳工作效率；合理地安排时间，保证项目按时完成；由活动定义、活动排序、活动历时估算、进度计划编制和进度计划控制构成。

3. 项目成本费用控制管理

为使项目成本费用控制在计划目标之内所作的预测、计划、控制、调整、核算、分析和考核等管理工作；用以保证在批准预算内完成项目所需要的各个过程。

项目成本费用管理就是要确保在批准的预算内完成项目，具体项目要依靠制定成本费用管理计划、成本费用估算、成本费用预算、成本费用控制四个过程来完成。项目成本费用管理是在整个项目的实施过程中，为确保项目在已批准的成本费用预算内尽可能好地完成，对所需的各个过程进行管理。

4. 项目质量控制管理

指确定质量方针、目标和职责，并通过质量体系中的质量策划、控制、保证和改进来使其实现的全部活动；是在质量方面指挥和控制组织的协调的活动；由质量计划编制、质量保证和质量控制构成。

（二）辅助知识领域

项目人力资源管理、项目沟通成本管理、项目风险控制管理、项目采购与合同管理构成了项目管理的辅助知识领域，具体功能如下：

1. 项目人力资源管理

是一种管理人力资源的方法和能力。项目人力资源管理是组织的计划编制过程，简单来说，就是人员的分配与利用，就是确定、分配项目中的角色、职责和汇报的关系。一般采用的方法包括：参考类似项目的模板、人力资源管理的惯例、分析项目相关人员的需求等；由组织的计划编制、人员召集和队伍组建三部分构成。

2. 项目沟通成本管理

管理的过程，也就是沟通的过程。通过了解客户的需求，整合各种资源，创造出好的产品和服务来满足客户，从而为企业和社会创造价值和财富。所谓沟通，是人与人之间的思想和信息的交换，是将信息由一个人传达给另一个人，逐渐充分传播信息的过程。用以保证项目信息能够被及时、正确地产生、收集、发布、储存和最终处理而所需要的各个过程，由沟通计划编制、信息发送、绩效报告和管理收尾构成。

3. 项目风险控制管理

描述了有关识别、分析和应对项目风险的各个过程，由风险管理计划、风险识别、定性风险分析、定量风险分析、风险应对计划编制和风险监控构成。

4. 项目采购与合同管理

描述了从执行机构以外获得物资和服务所需要的各个过程，由采购计划编制、询价计划编制、询价、供方选择、合同管理和合同收尾构成。

项目整体管理则是要发挥项目管理整体上的支撑作用，它与其他项目管理知识领域互相影响，用以保证各种项目要素能够相互协调所需要的各个过程，由项目计划制定、项目计划实施和综合变更控制构成。

三、项目管理的管理流程

项目管理流程的概念是项目先后衔接的各个过程的全体。一般情况下，项目管理流程可以分为六个管理过程，它们分别为：

（一）项目启动过程

在项目管理流程中，项目启动过程是批准一个新项目或新阶段的过程。

（二）项目计划编制过程

从各种备选的行动方案中选择最好的方案以实现所承担项目所要达到的目标。在项目管理过程中，计划的编制是最复杂的阶段，项目计划工作涉及十几个项目管理知识领域。计划的编制人员要有一定的经验，在计划制定出来后，项目的实施阶段将严格按照计划进行控制。所有变更的产生都将是因与计划不同而产生的。也就是说，项目的变更控制将是参考计划阶段的文件而产生的。

（三）项目实施过程

项目实施阶段是占用大量资源的阶段，此阶段必须按照上一阶段定制的计划采取必要的活动，来完成计划阶段定制的任务。在实施阶段中，项目经理应将项目按技术类别或按各部分完成的功能分成不同的子项目，由项目团队中的不同的成员来完成各个子项目的工作。此过程主要内容是：为保证项目在计划的时间内，在一定的资金限额内，在劳动力和设备材料有限的情况下顺利完成，就需要对项目进行全面管理与协调，在保证质量的情况下，以最快的进度、最低的费用完成。

（四）项目控制过程

对项目进行定期质量监控和进展把控，找出实际进展与计划之

间的偏差，采取纠正措施，对偏差进行纠正，从而确保项目目标的
实现。

（五）项目收尾过程

项目或阶段的正式接收并达到有序的结束。项目的收尾过程涉及整个项目的阶段性结束，即项目的相关人员对项目产品的正式接收，使项目井然有序地结束。这期间包含所有可交付成果的完成，如项目各阶段产生的文档、项目管理过程中的文档、与项目有关的各种记录等。同时，项目要通过审计的审查。

在项目的收尾阶段中的主要活动是，整理所有产生的文档提交给项目建设单位。收尾阶段完成后项目将进入维护期。

项目的收尾阶段是一个项目很重要的阶段，如果一个项目前期及实施阶段都做得比较好，但是没有重视项目的收尾阶段，即使项目的目标已达到，但项目总好像没有完结一样。项目的收尾阶段还有一个重要的事情，就是要对本项目有一个全面的总结，这个总结不仅对本次项目是一个全面的总结，同时，也是为今后的项目提供参考经验的一个案例。

（六）项目维护过程

在项目收尾阶段结束后，项目将进入后续的维护期。项目的后续维护期的工作，将是保证信息技术能够为企业中的重要业务提供服务的基础，也是使项目产生效益的阶段。在项目的维护期内，整个项目的产品都在运转，特别是时间较长后，系统中的软件或硬件有可能出现损坏，这时需要维护期的工程师对系统进行正常的日常维护。维护期的工作是长久的，它将一直持续到整个项目的结束。

以上六个过程所形成的成果相互之间存在着一定的联系，各个项目管理的过程是互相叠加的，并不是相互独立的。前一个过程的成果会在后一个过程中成为前提条件。联系在某个过程中是反复循环的。以项目计划编制过程为例，在项目开始时，项目计划编制过

程为项目顺利实施服务,在项目进行中,根据项目实施的情况项目计划又需要不断地修正。

项目管理的过程由于工作内容不同,根据项目的实际情况,每个项目过程的实施效果和所需时间长短也存在着不同。

四、项目管理的发展进程

项目管理作为一门新兴学科,与其他相对传统的学科相比,其理论研究发展非常迅速,从 20 世纪中期至今的短短几十年的时间里,项目管理已形成了一套系统的学科知识体系。

研究人员通常认为项目管理源于美国利用核裂变反应来研制原子弹的曼哈顿计划,是二战的产物。目前项目管理的研究体系主要有:以广泛接受的英语作为工作语言提供有关需求的国际层次服务的项目管理体系——国际项目管理协会(IPMA)和全球领先的项目管理行业的倡导者,创造性地制定了行业标准,并正在构筑不断扩展的专业知识体系,让项目管理从业人员成为各自所在组织不断变革、创新发展的推动力量的体系——美国项目管理学会(PMI)。

项目管理研究发展历程在国际上习惯以 IPMA 历年的会议主旨为思路,一般划分为以下四个阶段:

第一阶段:1970 年到 1980 年,项目管理的研究内容主要集中在基础理论的研究、管理方法和组织的探寻上,对当时作为热点领域的网络技术管理做了重点研究和探讨。

第二阶段:1980 年到 1990 年,项目管理研究如日中天,研究和实践的范畴逐步扩大,研究人员在兼顾项目管理的基础理论研究、管理方法研究和组织研究等领域的基础上,逐步考虑项目管理对社会的影响。

第三阶段:1990 年到 2000 年,未来社会的关系成为研究的重点，项目管理作为一种新兴的充满生机的管理方法对于企业未来的长远发展以及对宏观社会的影响和作用得到更广泛的关注。

第四阶段：21 世纪以来，由于计算机和网络信息技术的急速发展，全球的经济运营模式的发展形势越来越具有广泛性，经济全球化是当代世界经济的重要特征之一，也是世界经济发展的重要趋势。项目管理也越来越得到广泛关注，多样化管理和组合项目管理被研究人员和管理人员们广泛应用。

项目管理的理论支撑最早出现在 1960 年至 1990 年这 30 年之间，由于项目管理是新兴的科学管理技术，所以在当时被主要应用于建筑领域和国防建设事业。项目工作人员把按时完成项目计划作为工作目标。1990 年起，项目管理被更广泛地应用到计算机与信息技术行业、移动通信产业和制药行业等其他行业领域。

国内对项目管理的研究一般是追忆到由华罗庚倡导的统筹法或者是由钱学森倡导的系统工程研究。在我国建设项目管理首次应用是在 1980 年利用世界银行贷款并实行国际招投标国际竞争性招标和实行项目管理的工程——额鲁布革水电站，额鲁布革水电站的落成向全世界人民展示了项目管理在我国发展的巨大潜力。

有专家学者认为，可以用"变化的哲学观"来理解项目管理，由于矛盾、变化和冲突充斥在整个项目中，管理的实施相对来说就是必须存在的。项目管理工作人员可以将"变化的哲学观"作为一种基础信念。项目管理的这种"变化"属性与现阶段社会的整体环境变化属性相一致。随着计算机信息技术的蓬勃发展，全球的整体发展进程也迅猛变化着。21 世纪以来，各行各业的专家学者们对项目管理有了越来越广泛的关注，项目管理也得到越来越多的应用。由于项目管理可以很好地处理这些变化，所以项目管理在各行各业中的应用也就越来越普遍，项目管理也得到了迅猛的发展。

有资料显示，随着 21 世纪全球社会经济的发展和全球社会人口、文化、经济、政治、法律、技术、资源等因素的变化以及信息和智能经济时代的发展，当今时代将会成为项目化的时代。项目导向型社会是由于当今社会21世纪的各类科学技术、计算机网络信息技术的发展迅速，生产生活的节奏逐渐加速，项目化体现在各类生产生活活动中，这些变化致使时间对人类造成的压力越来越大，市场的竞争逐渐加剧，管理的特性越来越复杂，已经适应原本相对稳定社会的生产生活活动流程组织结构和组织方式也因为这种变化才产生了巨大的改变，由此产生了新的组织结构和生产生活组织方式。为了更好地适应这种新的组织结构和生产生活组织方式，人们采用了项目管理这种方式。这种方式的优点在于：组织目标的管理得到了提升，组织目标的控制得到了加强，管理的复杂性得到了简化，管理的效率得到了提高，组织的业绩得到了提升。

传统意义上的项目管理可以简单理解为对工序的安排和对资源配置的管理，但是这是对项目管理的表象的理解，项目管理团队带来的有宽度的整合能力是新兴组织的特有价值。这是项目管理特殊性质，项目管理团队既要有宽度整合能力又要有深度的沟通协调能力。生活中如果遇到整合能力和协调能力欠缺的问题，就可以运用正确的项目管理来解决。综上所述，21世纪的项目管理得到广泛应用是由于以下几个原因：成果是项目管理的主要关注内容；团队合作是项目管理的基础；内部横向职能部门之间相互协作是项目管理解决方案的手段；竖向沟通协调是项目管理有效降低成本的手段；项目管理具有非刚性的变化。

由此可知，21世纪的项目管理关注的内容有了很大的变化，组织成为21世纪项目管理主要关注的内容。项目管理由原来的仅有的工具功能，变为了对组织的研究和应用功能。

建设项目管理属于项目管理中的一种，是随着项目管理的发展而发展的。建设项目管理的最终目标是使建设项目顺利完成。传统的计划管理方式是围绕"集中管理"开展管理，现代建设项目管理是围绕"工程"展开一系列管理活动的。进入 21 世纪，建设项目管理已由新兴学科逐步发展成为具有较高综合性的学科，建设项目管理具有很强的实际应用性，具有很大的发展空间及潜力。纵观世界，国内外的建设项目管理发展进程如下：

（一）国内建设项目管理的发展

中华民族 5000 年的历史文明，有着数不尽的皇宫庙宇、历史建筑。通过这些保存完整的古代建筑，我们完全可以推测出我国建设项目管理在历史上的水平和成就。

进入现代以来，我国建设项目管理学科飞速发展。20 世纪 80 年代，我国在北京、上海等经济发展比较迅猛的城市，逐步推行了监理管理制度。于 20 世纪末出台的《中华人民共和国建筑法》中首次明确监理管理制。20 世纪 90 年代，为了使建设指挥部对建设项目进行全方位的管理，我国开始实施"建设指挥部责任制"。1999 年，我国正式出台《中华人民共和国招标投标法》，我国建设项目开始运用招标投标的方式来进行项目的承发包工作。招标投标管理作为我国建设项目管理的一部分，也逐步得到了规范。监理管理制度、建设项目建设指挥部负责制、招标投标制度分别步入法制时期。

建设项目管理作为管理学科的一个分支，近些年国内的建设项目管理在逐步发展健全，逐渐形成一套科学的目标管理方法。这种方法通过目标导向确定行动方向，以实现目标作为最终目的，在投资控制、进度控制和质量控制三个方面开展一系列活动。找到这三方面之间的契合位置，使建设项目管理得到优化完善。

（二）国外建设项目管理的发展

国际上建设项目管理的发展由来已久，从古至今世界著名的古建筑数不胜数。如 3500 多年以前，在地中海克里特岛的米诺斯王宫；建于弗拉维王朝时期的角斗场，又称弗拉维露天剧场；索菲亚大教堂；建于 848～852 年的萨马拉大清真寺等等。随着国际上"科学管理"时代的到来，经济学领域逐步发展。在此基础之上，近代的建设项目管理也得到了蓬勃的发展。20 世纪 50 年代开始，国外的建设项目管理进入了大跨步的发展时期。在实践中建设项目管理的方法不断发展创新，建设项目管理体系逐渐完善，对社会和经济的发展产生了巨大影响。1956 年，美国杜邦公司在制定协调企业不同业务部门的系统规划时，提出并应用的"关键线路法"，在以后很多国家推广使用。1956 年，美国杜邦公司为了管理公司内不同业务部门的工作，在兰德公司的协助下，研制了"网络计划技术"这种管理方法。1965 年，世界上唯一一个具有权威性的国际项目管理组织成立，总部设在瑞士洛桑。我国于 1996 年加入了国际项目管理组织，至此我国建设项目管理逐步趋于国际化，建设项目管理水平得到前所未有的发展。

第二节　高校新校区建设项目管理的基本理论

一、高校新校区建设项目管理的概念

高校新校区建设项目管理不是单独存在的学科，是项目管理在高校新校区建设项目中的应用和拓展。因此，高校新校区建设项目管理依托于项目管理的研究现状，但其特殊性和实际操作性与项目管理相比较还存在着一定的不同。

高校新校区建设项目管理与建筑市场的建设项目管理一样，一般是指在高校新校区建设项目的整个建设期间内，对高校新校区建

设项目进行进度、质量、成本等方面的有效管理，使高校新校区建设项目在规定的时间内，在参建各方约定的条件下完成计划目标，使高校新校区建设项目的社会和经济效益达到最大化。在高校新校区建设项目的实施过程中，各个过程均应围绕"高校新校区建设项目"开展，对各环节均应实行控制管理。在规定的计划时间内，用计划的资金额完成新校区建设项目的建设工作。

二、高校新校区建设项目管理的重点

高校新校区建设项目的管理工作主要由效益控制和管理两方面组成。其中效益控制又分为：社会效益控制和经济效益控制。管理内容分别是：质量目标管理、进度目标管理、安全目标管理等。以上工作之间相互联系、相辅相成、互相影响。高校新校区建设项目管理应该以质量目标管理、进度目标管理、安全目标管理为基础，用社会效益和经济效益来体现高校新校区建设项目的管理价值和意义。只有高校新校区建设项目实现效益最大化，才能体现高校新校区建设项目具有较高的管理价值，所以效益控制在高校新校区建设项目管理中非常重要。其他管理工作均应围绕这个目标开展。

高校新校区建设项目管理需要参与管理的全体人员共同努力，合作完成，仅仅依靠个人的力量是完成不了的。高校新校区建设项目管理是建设项目全过程的管理，不是管理某一时段就能成功的。高校新校区建设项目一般主要由规划设计阶段、设计阶段、招标阶段、施工阶段、竣工结算阶段、投入使用阶段六个阶段组成。各个阶段均应进行相应的项目管理。每个阶段的管理工作相互影响，互有联系，前一个阶段管理工作的质量优劣会对下一个阶段的管理工作能否顺利进行产生重要的影响。设计阶段、招标阶段、施工阶段和竣工结算阶段比较容易发生失控的问题，所以这些阶段的管理工作显得尤为重要，在高校新校区建设项目管理中应该作为管理工作的重点进行重点管控。

第三节　高校新校区建设项目的概况分析

一、高校新校区建设项目的建设意义

近年来，随着我国综合国力的不断增强，社会经济水平不断提高，全社会对高等教育的发展有了更高的要求。由于我国社会的发展，社会经济的建设都需要高等教育人才的参与，所以我国对高等教育所培养的人才的需求量不断增大。由于我国教育部制定的"科教兴国、人才强国和可持续发展"战略得到了大力的推行实施，各种发展高等教育的方针政策也得到了全面的推进，我国高等教育由原来的"小众教育"变成了现在的"大众教育"，我国高等教育事业得到了空前的飞跃式的发展。在满足了广大民众的求知需求、适应了当前高等教育的发展形势的同时，我国高等教育也面临着重要的发展机遇。

我国社会和经济发展需要与我国的教育快速发展与之相适应。最近一个时期，全国很多高等院校的招生人数不断大幅增加，教育教学规模不断迅速扩大。这些变化不仅可以使我国高等教育的升学率不断提高，还可以使我国大学生的数量不断增加，使我国拥有大学学历的人数占国民总人数的比例不断加大，使更多的具有求知欲望的人们圆梦大学，提高整体国民素质。在提高我国城市化率的同时，对于加快我国社会的经济发展、拉动国内的消费需求同样具有很大作用，而且还可以带动高等院校所在地的周边旅游业、餐饮娱

乐业、房地产业等相关产业的发展。对扩大地方市场的整体规模，促进地方的高科技和经济的发展等方面都有着巨大的贡献。随着我国高等院校不断地扩大招生规模，我国高等教育的水平也实现了阶段性的飞跃。

由于招生规模的不断扩大，我国各类高等院校也迎来了新的挑战。各大高等院校的教学楼、办公楼、学生宿舍等教学硬件条件是有限的，与教育教学密不可分的教室、实验室、室外操场等教育教学场所的总体面积并没有很大的变化。随着招生规模的不断扩大、在校学生人数的不断增加，各大高等院校的教育教学基础设施、设备增加与更新的速度远远赶不上在校学生规模的增长速度。许多高等院校原有的教育教学设施，尤其是对教师、学生的生活学习有着重要影响的配套硬件设施已满足不了广大师生的正常教育教学需求。

我国高等院校原有的教学资源与新形势下的发展不相适应是各大高等院校迅速急剧扩大招生规模所带来的直接影响。在高校不断扩招、城市化不断加速的大背景下，为了使高等院校有更长远的发展，为了满足数量不断增长的在校师生的工作学习、教学科研需求，大多数高等院校逐步扩建学校规模。由于历史原因，我国很多高校的老校区都建设在城市中心位置，随着城市的发展，各高校的老校区周围基本上没有土地可以进行学校的扩建。占地面积小、周边环境拥挤等已成为制约学校发展、妨碍办学规模扩大的主要原因。重新选择新址建设新校区成为我国各大高等院校解决这一问题的办法。因此，高校新校区建设项目在全国各地到处开花，教育教学用楼如星罗棋布般四处崛起。我国各地高校新校区建设项目管理也随之进入了快速发展的时期。

高等院校的主要工作目标就是为国家和社会培养高端、高素质、全能力的人才，高校新校区建设项目的建设完成可以让更多的人才进入高等院校学习，在推进我国高等教育发展的同时，也使新校区周围的经济发展得到带动。高校所在城市的第三产业随之得到发展，城市的产业配置也会得到优化，全社会教育资源在一定程度上也会得到均衡。高校新校区建设项目是发挥高等教育产业功能的重要载体，高校新校区建设项目在拉动内需的同时，也在加快推动新校区所在地区的城市化进程，带动社会经济的发展，对当地的社会、科技、经济发展具有辐射性效应，增加就业机会，从而实现高等教育的产业功能。高校新校区建设项目的开展与投入使用为当地的城市发展做出巨大贡献。

高校新校区建设项目，是学校在建设发展史上的一座丰碑，是一项具有系统性、综合性、长期性的伟大工程。整个项目的建成标志着该所高校的跨时代里程碑的落成。

高等教育的可持续发展意义重大，高校新校区建设项目的建设更是具有深远的影响。开展高校新校区建设项目建设工作是我国近年来社会经济发展的必然需求，高校新校区建设项目也是推动我国社会经济发展的重大战略举措。高校新校区建设项目对高校所在地区的经济、社会发展都有很大的推动作用。

二、高校新校区建设项目的特点分析

高校新校区建设项目的管理工作是一种系统工作，按照系统学的理论，系统工作应该遵照系统学的理论和经验实施管理，高校新校区建设项目的管理工作虽然有建设项目的自身特点，但是由于高校自身的特殊性，高校新校区建设项目管理工作需要着重对其特殊性进行关注，高校新校区建设项目的管理工作的特殊性、艰巨性和复杂性主要体现在以下几个方面：

（一）项目占地及投资规模大

为了满足广大在校师生的工作、生活、学习需求，为了更好地实现高校的可持续发展，我国各高校新校区建设项目的占地规模一般较大。与老校区相比较，新校区的占地规模往往是老校区的数倍，在占地面积上大大超过老校区。高校新校区建设项目的投资规模动辄十几亿，多数高校新校区建设项目从决策到竣工历经数年，总体投资额可达到几十亿。

（二）工期要求紧且建设周期长

高校新校区建设项目与普通的建设项目不同，高校新校区建设项目一般情况下工期紧张。为了应对招生规模的急速扩张，随着普通高等院校本科教学学科评估工作在全国范围内展开，各高校大多开展了高校新校区建设项目。这些项目由于针对性强，所以多为临时决策。各高校对高校新校区建设项目未能做好提前规划，各高校一般又都想赶在每年九月份新学年学生开学前竣工交付使用。所以这类项目没有留有充分的建设时间，工期要求一般都很紧张。高校新校区建设项目中的各个单体建筑不是可以单独使用的，需要配合使用。教学楼完工后，并不能将新校区投入使用，学生宿舍、学生食堂等教育教学必备的建筑必须建成完工，新校区才可以投入使用。所以高校新校区建设项目管理者需要合理安排工期，尽其所能编制相对完善的高校新校区建设项目工期网络计划图，从中标明每个阶段所需要的完成时限，适当预留出时间，对于类似于雨季对施工工期的影响等一些可预见或不可预见影响因素对工期造成的影响应预留机动时间。如果项目的计划工期短于正常工期，必然导致赶工，不合理的缩短工期必然导致工程质量得不到保障，这是造成我国高校新校区建设项目存在工程质量问题的重要因素之一。所以应提前做好规划，确保高校新校区建设项目按照计划工期顺利完成。

高校新校区建设项目由于项目的特殊性一般建设过程周期较

强，有些高校新校区建设项目从决策立项直至整体项目投入使用全过程周期历经 3 至 5 年甚至 10 年的时间才可以完成。因为项目经历的周期比较长，土地规划政策、拨款政策等与高校新校区建设项目建设有关的国家宏观调控政策有时会发生很大的变化，周边社会因素和社会环境等也有可能发生很大的变化。由于高校新校区建设项目的特殊性，一般高校新校区建设项目实行划分标段建设、分批投入使用等建设管理手段，所以高校新校区建设项目的建设周期会因为各种原因被无限期延长。除此之外，地质、气候、水文等自然因素也会对高校新校区建设项目的建设周期产生一定的影响，导致周期变长。

（三）建设项目组成复杂且多样

高校新校区建设项目的组成复杂且多样。按照不同角度进行分类，高校新校区建设项目可以分成以下几个方面：

高校新校区建设项目按照建设项目组成可分为：综合教学楼、图书馆、体育场馆、室外运动场、学生食堂、学生宿舍、浴池、服务用房等一系列教学及服务设施以及道路景观、水、电、路、气、通信综合管网、环境绿化等一系列基础配套设施的建设项目。

高校新校区建设项目按照程序步骤可分为：决策规划设计阶段、施工图设计阶段、招标投标阶段、工程实施阶段、竣工验收结算阶段和投入使用阶段等一系列建设程序。

高校新校区建设项目按照各建设阶段涉及的单位可分为：设计类单位、实施类单位、材料和设备供应类单位、咨询服务类单位以及与高校新校区建设项目建设相关的各级政府主管部门类单位。

高校新校区建设项目按照涉及学科专业部门可分为：社会科学、自然科学、政治科学、经济科学等许多学科；还涉及高校内部的使用部门、财务、审计部门等。

综上所述，高校新校区建设项目管理的涉及面很广，需要校内外各单位协作配合的环节很多，是一项较为复杂的系统管理工程。在高校新校区建设项目建设施工过程中不可避免地会出现很多不可预见的情况，冬雨季气候条件下对施工作业的制约、各个参与方之间矛盾的协调等，均对高校新校区建设项目的复杂性产生了重要的影响。高校新校区建设项目的管理工作具有较强的综合性，高校基建部门自身力量薄弱，不足以承担起整个高校新校区建设项目的管理工作，在管理工作中学校各部门及外聘相关机构的协助下，才可按计划完成高校新校区建设项目的管理工作。高校新校区建设项目因为工期、资金等原因一般会分标段进行建设，因此高校新校区建设项目的管理工作需要很强的计划性。各个单体项目之间既有自身独立性又互相影响，这样就造成了协调工作的繁杂。高校新校区建设项目与普通的建设项目相比，具有一定的特殊性。高校新校区建设项目不仅仅是工程项目的建设，而是由建筑工程、环境景观工程、绿化工程、管网工程组成的需要统一协调管理的综合体项目，其中各个工程之间的关联性较强，各部门之间的配合与协调工作需要投入大量的精力。

（四）具有生态化及人文化的特点

生态化、人文化是高校新校区建设项目突出的特点之一。为了给师生提供更好的工作学习环境，新校区绿地面积一般较大，绿化率一般较高。绿色共享空间、自然亲水空间、园林景观高低错落，春、夏、秋三季花开，四季绿色不断是高校新校区建设项目的环境建设目标。优美高雅的校园对学生文化素养的提高有着潜移默化的作用，因此高校新校区建设项目在建设时应尽力创造一种客观的优质环境，以促进学生德、智、体、美、劳等诸多方面的全面发展。随着人们生活条件的日益改善，新校区中的车辆停放问题也需要充分考虑，应配套建有满足师生停车需求的嵌草铺装的停车场。

第二章

高校新校区建设项目决策阶段项目管理

项目决策阶段是决策者对项目进行选择并对项目是否实施行动的决定的过程，项目决策阶段主要工作任务是论证项目是否有建设的必要性和该建设项目是否具有可行性，比较不同实施方案的优劣并做出选择的过程。优秀的建设项目取决于精准的项目决策。精准的项目决策，决定着建设项目的成功与否。根据经验对项目做出正确的决策，选择适宜的实施方案。科学地估算项目总体造价，在实施所选择的方案过程中，对工程造价进行有效的控制。

第一节　高校新校区建设项目决策阶段的建设地点管理

高校新校区建设项目建设地点的选择涉及项目建设周边设施条件、生态环境条件、项目周期文化氛围条件等一系列的影响因素，同时社会因素、政治因素、文化因素、经济因素等也对高校新校区建设项目建设地点的选择产生一定的制约，这些制约条件对高校新校区建设项目建设投资额、建设周期和实施条件也会产生直接的影响，甚至会对未来学校的发展产生一定的影响。高校新校区建设项目建设地点的选择是一项极为复杂且系统的工作，因此，高校新校区建设项目建设地点的选择需要满足以下几个方面的要求：

一、应有利于保护环境与景观

高校新校区建设项目建设地点的选择应尽可能避免大量占用良田、林地、湿地等以免对生态造成破坏。高校新校区建设项目建设地点的选择需符合国家地方现行土地管理、环境保护、水土保持等法规的有关规定。要有利于保护环境与景观，执行当地环保部门的规定和要求。为维持生态平衡，不污染水源、河流、湖泊，应有利于废气、废渣、废水的三废处理，并符合现行环境保护法的有关规定。

二、应尽量选择整体条件较好的地块

高校新校区建设项目建设地点的选择应当选择有利地段，避开不利地段。选址地段的地基土承载力需满足高校新校区建设项目的设计要求。避免将高校新校区建设项目的建设地点选择在断层、熔岩、流沙层等影响房屋抗震的土地上，当无法避开时，应采取有效的抗震措施。高校新校区建设项目的建筑物基础底面需高于地下水位置，这样可以有效地避免建筑物地下室渗水情况的发生。尽量选择平坦且有 5%～10% 的坡度的地形，这样可以有效地做到土方平衡，减少平整土地时土方运转的工程量。在节约投资的同时，又有利于室外地面的排水工作。

三、应力求周边基础设施完善

由于受到高校新校区建设项目所在地城市发展等各种高校外部

因素的影响，高校新校区建设项目的建设地点一般选择在远离城市中心、基础配套设施建设比较落后的城市周边地区。

为了满足高校全体师生教育教学、科学研究及日常生活需求，高校新校区建设项目的建设地点应尽量选择在周围配套设施相对完善的地区。

第二节　高校新校区建设项目决策阶段的管理模式管理

国际上，其他建设项目的管理模式和管理方法与高校新校区建设项目的管理模式和管理方法是一样的，都是将建设项目管理活动作为研究对象，重点解决工程建设项目活动各主体的管理任务和方法。在我国建筑市场上，高校新校区建设项目作为建设项目的其中一种，除去高校新校区建设项目的自身特点外，它的管理模式和管理方法与其他建设项目的管理模式和管理的方法大致是相同的。高校新校区建设项目具有项目占地及投资规模大、建设周期长且工期要求紧、项目组成复杂且多样、项目的生态化和人文化的要求较高等特点。在高校新校区建设项目的建设过程中，由于项目涉及面很广、需要校内外各单位协作配合的环节很多，所以协调各方关系是高校新校区建设项目管理工作的重点。在高校新校区建设项目的实施过程中，进度、质量、造价等方面的控制工作及学校内外各部门之间的沟通协调工作等诸多因素均对高校新校区建设项目管理产生影响，若管理工作出现沟通协调不流畅，会导致一系列问题的产生。高校新校区建设项目本身并不存在商业性质，但在最大限度地满足教育教学、科学研究和师生学习生活需求的同时还要保证建设项目质量、进度、建设造价均在可以控制的合理范围内，又要使个别建筑单体成为城市的标志性建筑。新校区整体风格独树一帜，具有鲜明特点，是高校新校区建设项目管理工作者在管理上的一道难题。由于高校的主要工作是教育教学，高校作为高校新校区建设项目中的业主方，其自身对建设项目的管理工作并不是很在行。高校的基建管理人员作为教辅人员，高校本身设置的岗位数量就很少，相关专业技术人才在数量及专业配套性上就存在明显不足。再加上高校的基建工作任务不是很多，专业人员的技术水平得不到锻炼和提高，导致在高校新校区建设项目的管理工作中存在明显的缺少建设项目管理经验的现象。基于以上原因，高校新校区建设项目管理中的首要问题是各高校决策者和建设者需要选择一种适合本校情况的项目管理模式及管理方法。

一、高校新校区建设项目的管理模式类型

在我国，高校新校区建设项目的管理模式有以下几种：

(一) 项目总承包模式

一般又被称为"交钥匙工程"，是指建设工程任务的总承包，即高校将建设项目的勘察、设计、施工等与工程建设有关的全部任务一并发包给一个具备相应资质条件的专门从事项目组织管理的单位，即总承包单位。在项目的实施过程中，由总承包单位对工程建设进行质量、进度、成本等方面的项目管理，全过程向高校负责，依据合同约定向高校交付符合使用要求、经验收合格的建设工程项目的发承包方式。

根据我国建筑行业的实际情况，项目总承包模式在我国建设项目管理模式中并不是优先选择的对象，而国外的建设项目多数采用项目总承包模式发包。

项目总承包模式的优点在于：

1. 合同关系简单。高校只与项目总承包单位签订一个合同。高校对总承包单位不会干涉太多，总承包单位在建设项目过程中有足够大的工作自由。

2. 有利于缩短项目的建设周期。由总承包单位统一协调安排设计阶段和施工阶段，使两个阶段的工作时间相互搭接，有利于在计划的工期内完成既定目标。

3. 有利于造价控制。设计阶段与施工阶段的有机融合，对建设项目的造价控制有很好的经济效果。

4. 有利于充分发挥总承包单位优势。具有总承包资质的单位在建设工程方面的专业技术水平一般很高，项目管理经验一般都很丰富。对于在工程建设方面缺乏专业技术人才、对建设项目的实施管理有一定难度的高校来说，项目总承包模式具有明显的优势。

项目总承包的模式也存在着一定的缺点。由于总承包资质对企业要求较高，导致具有总承包资质的单位相对较少。所以高校在选择总承包单位时的范围较小。高校作为国家出资的单位，根据我国招标投标法的规定，高校在选择总承包单位时必须进行公开招标活动，由于总承包单位的数量少，不利于投标人之间的充分竞争，导致招标发包工作难度大且合同价格较高。由于项目总承包模式是将项目整体交由总承包单位实施，所以高校对质量、进度、造价的控制上受到模式的制约，从而影响对质量、进度和造价的把控。

（二）项目全过程咨询管理模式

随着社会的发展进步，美国的建设经理制逐步发展成为项目全过程咨询管理模式。项目全过程咨询管理模式是由高校将整个工程项目的可行性研究、设计、采购、竣工试运行一系列管理工作委托给全过程咨询管理公司，施工工作交由其他施工单位完成。国外的建设项目使用项目全过程咨询管理模式进行管理的很多，在国内并不常见，高校新校区建设项目使用项目全过程咨询管理模式的情况少之又少，需要不断地摸索尝试。在我国，项目全过程咨询管理模式也被称为项目代建模式。

项目全过程咨询管理模式的具体操作流程是：高校依据我国现行的招标投标法等法律法规经过公平、公正、公开方式进行公开招标或邀请招标，评选出专业的项目全过程咨询管理公司。高校按照合同约定委托评选出来的专业的项目全过程咨询管理公司对建设项目设计、招标、合同、施工和竣工验收进行管理。建设项目竣工验收合格后项目全过程咨询管理公司将项目移交给高校，高校支付给项目全过程咨询管理公司一定管理费用。

项目全过程咨询管理模式的优点是：用专业的项目全过程咨询管理公司在整个项目中代替高校的管理部门；项目全过程咨询管理公司的管理目标是对所管理的建设项目的质量、进度、成本等全方面进行管理，将高校在新校区建设项目中的管理职责从项目建设期间分离出来。将建设单位和使用单位剥离，切断建设单位与使用单位的利益联系，使用单位不直接参与建设，实现了项目管理队伍的专业化，从而有效提高项目管理水平，有效控制项目的质量、工期、造价和安全，保证建设投资的使用效率。项目全过程咨询管理模式适用于基建技术力量比较薄弱的高校。高校不用抽调人员成立基建班子，减轻高校基建管理工作强度。项目全过程咨询管理模式是控制建设规模、建设工期和建设投资的行之有效的管理方法。

项目全过程咨询管理模式的缺点在于：项目全过程咨询管理模式的收费标准在我国现行文件中并没有统一的规定，项目全过程咨询管理模式在服务竞争上的无序性较强。项目全过程咨询管理公司性质属性在我国也没有明确定义，什么机构适合从事项目全过程咨询管理模式业界争议较大。

（三）新校区建设指挥部管理模式

即项目部模式，这种模式项目部人员一般主要由项目负责人和土建、水电等专业工程师组成，这种管理模式相对比较成熟。

新校区建设指挥部是我国高校新校区建设项目管理中较为普遍采用的一种模式。新校区建设指挥部一般是由高校选派主要领导、各职能处室的专业技术人员组成。虽然分工明确，但是结构相对松散，项目管理缺乏持续性。新校区建设指挥部直接与参与建设项目的合作单位签订合同，负责协调与各部门、建设项目合作方的关系，办理与建设工程相关的手续。对建设项目进行全方位掌控和管理。在解决项目建设过程中遇到的沟通协调、进度控制、质量控制、造价控制等问题时可以充分发挥新校区建设指挥部职能的权威性。

针对新校区建设项目管理工作的特点，在高校新校区建设项目的管理工作上，实行新校区建设指挥部模式有利于实施统一指挥。在高校新校区建设项目的实施过程中，圆满完成新校区建设项目的建设任务是新校区建设指挥部的主要目标，总指挥与各个部门、各人员的责任和目标是通过统一系统的领导而决定的。各部门人员由各部门部长直接领导，各部门部长由总指挥直接领导，有效避免了多头领导的现象。由于各部门是按高校新校区建设项目划分的资源，各个部部长在其工作范围内拥有项目组织和资源的最大支配权，利于其控制权和使用权的发挥。高校新校区建设项目管理实施涉及多方面的管理工作，总指挥首当其冲要统筹考虑平衡多方面的工作。指挥部下设多个部门，各部门部长也需要学习对多方面工作的管理。各部门工作人员在日常工作中能够快速提高专业技术水平及管理能力，为日后成为全面型人才打好了坚实的基础。

二、选符合本校情况的管理模式

高校新校区建设项目管理的复杂性由高校新校区建设项目的显著特点决定。高校新校区建设项目由多个建筑单体组成，各个建筑单体相互独立，所以沟通协调工作较多；高校新校区建设项目一般实行分标段建设、分期分批投入使用，因此，高校新校区建设项目管理需要很强的计划性；各个单体建筑设计时间上不能统一，所以组团式设计并不适用于此类项目。因此采取建设项目项目总承包模式和项目全过程咨询管理模式也不利于高校新校区建设项目的管理工作。

基于高校新校区建设项目管理的特殊性，在高校新校区建设项目中，应优先选用新校区建设指挥部管理模式，即由各高校自行组建新校区建设指挥部对高校新校区建设项目进行管理。新校区建设指挥部管理模式是目前我国大多高等院校开展高校新校区建设项目管理工作时采取的模式。很多高校在高校新校区建设项目的决策阶段就建立了合理的新校区建设项目管理组织，即新校区建设指挥部。现阶段新校区建设指挥部管理模式与初期的指挥部管理模式在工作职能上已经有了很大的改善。现阶段的新校区建设指挥部由校方领导和专业技术人员组成。新校区建设指挥部管理模式下相关管理人员比总承包模式和项目全过程咨询管理模式下工作人员更具有主人翁的意识，对新校区建设项目的建设意图的理解更加透彻，这对高校新校区建设项目的管理工作更有利。新校区建设指挥部管理模式大大降低了建筑相关方之间的沟通协调难度，有利于缩短项目决策阶段花费的时间，对项目的建设周期控制、质量控制、造价控制等方面均起到了良好的作用。

第三节　高校新校区建设项目决策阶段的
项目组织管理

为了更好地发挥新校区建设指挥部模式在管理方面的优势，尽力避免新校区建设指挥部模式的弊端，在高校新校区建设项目的决策阶段就应该做好新校区建设指挥部的团队建设及管理工作。

一、完善项目管理团队的人员配置

新校区建设指挥部是一个具有一定专业性、规范性的高校新校区建设项目管理机构。新校区建设指挥部模式下的人员构成一般由从高校各个职能部门抽调的精兵强将组成。高校新校区建设项目管理工作能否顺利开展，将由这些人员的综合素质和能力决定。所以对新校区指挥部人员的选择上需要加以严谨考虑，尽量选择具有一定建设管理经验的专业技术人员加入新校区建设指挥部，谨防外行领导内行的情况发生。

根据各个高校新校区建设项目的特点，新校区建设指挥部要注重对项目的分解，重视责任分工，按照项目的分工情况成立相应的组成部门。根据新校区建设项目自身的规模确定新校区建设指挥部的人员数量及构成。相关专业技术人员和现场管理人员应按专业配备齐全。各高校应在高校新校区建设项目有关的专业中抽调部分教师加入新校区建设指挥部。如果高校自身没有工程管理、经济类学科的，则可以外聘专业技术人员。在本校党委和行政班子的领导下，新校区建设指挥部逐步展开工作，对高校新校区建设项目直接进行管理。

新校区建设指挥部通常情况下设工程总指挥一人，由主管几件工作的副校长担任；副总指挥一名，一般由基建处处长担任；新校区建设指挥部一般情况下下设综合办、合约部、工程部和财务部。新校区建设指挥部的工作核心为工程部，主要负责新校区建设项目实施阶段的工作。

高校新校区建设项目的管理工作具有周期长、工期紧、要求多和投资大等特点。所以，新校区建设指挥部需要的是一支专业性强、效率高的队伍。新校区建设指挥部的总指挥需要清楚地认识到高校新校区建设项目管理工作的特点，要增强对新校区建设指挥部工作人员的整体凝聚力，努力调动新校区建设指挥部的全体工作人员对待工作的自觉性和主动性，尽力提升责任感和荣誉感。组织新校区建设指挥部全体工作人员定期学习与项目管理有关的政策和规定，及时通报近期发生的与建设项目有关的违法、违纪、贪污腐败案件，时刻加强廉政教育，防止贪腐事件的发生，努力打造一支团结一致、奋发图强、实事求是、廉洁奉公的优秀组织。新校区建设指挥部的全体工作人员应熟悉工程建设的基本客观规律，熟练掌握高校新校区建设项目管理的相关技能。在高校新校区建设项目的全阶段时刻保持严谨认真的工作作风，发挥廉洁自律、兢兢业业、克己奉公、爱岗敬业的精神。新校区建设指挥部全体工作人员要严格执行管理工作相关程序。新校区建设指挥部的工作任务相对较重，人员数量与较重的工作任务相比较又显得较少，只有全体工作人员积极努力、认真工作，充分发挥凝聚力和战斗力，才能高质量、高标准地完成高校新校区建设项目管理工作。

二、建立管理机制、制度和计划

（一）建立管理沟通机制

高校新校区建设项目管理是一个参建方较多、沟通协调困难的系统性工程。高校新校区建设项目实施过程中包含了许多不确定因素，每个因素都会对项目的实施产生质的影响。每个意外的发生，都会对项目的各个方面产生影响。一般情况下，在高校新校区建设项目的实施过程中，各高校都很重视能否对外部环节实施掌控。由于我国现阶段的建筑市场发展相对比较成熟，建设行业有相对完善的法律法规、规章制度和较为成熟的行业规范，能对外部环节的运作进行约束。相对于外部环节的掌控情况，各个高校对于内部环节的把控、协调各不相同，并没有统一的标准。根据数据显示，在影响高校新校区建设项目的众多影响因素中，由于新校区建设指挥部的各种决策决定都需要高校领导班子的审批，新校区建设指挥部的人事、财务等方面的工作也需要高校相关职能部门的配合。所以新校区建设指挥部内部环节的协调对高校新校区建设项目所产生的影响最大，约占全部影响因素比例的三分之二。新校区建设指挥部与政府建筑行业相关部门及参建各方的沟通协调占高校新校区建设项目的全部影响因素的三分之一。所以，综上所述，高校新校区建设项目的内部管理沟通协调机制是高校新校区建设项目管理中的非常重要的因素，对项目能否顺利地实施有着非常重要的影响。

高校新校区建设项目管理的主要目的就是防止各种因素所产生的意外情况的发生，使高校新校区建设项目在计划的造价内、在计划的工期内、在计划的质量标准内顺利实施完工。由于高校新校区建设项目中的新校区建设指挥部既要协调学校内部各部门之间的关系，又要与负责工程建设的相关政府部门沟通协调，还要与各个参建单位配合完成高校新校区建设项目的建设管理工作，所以新校区建设指挥部的沟通协调工作是否顺利对于高校新校区建设项目管理的成败有非常大的影响。

由于高校新校区建设项目的自身特点，高校新校区建设项目的管理工作量、信息量和不确定因素的随机增加，参建各方之间的信息沟通不顺畅等因素，将直接导致沟通不及时、效率不高的情况发生。为了防止上述问题的产生，或者尽量减少上述问题产生时所带来的影响，需要建立通畅的信息沟通渠道。有效及时的信息沟通渠道是高校新校区建设项目管理过程中能否发现并快速顺利地解决问题的关键。

高校新校区建设项目管理工作的发展初期，内部沟通协调机制在新校区建设项目管理中经常是在发现问题后再临时组织参建各方进行沟通协调，并没有在事前就形成有组织的准备。由于高校新校区建设项目的特殊性，在新校区建设指挥部对项目进行全过程管理过程的同时，为了符合纪检监察对高校的要求，高校内部的纪检监察和审计等部门将会对高校新校区建设项目建设的全过程进行监督和参与。由于实际使用部门和高校内部管理部门并不是建筑方面的专业技术人员，所以他们提出的提议并不具有实际操作性，在工程竣工验收移交后，为了弥补非专业性意见所带来的设计缺漏或是不符合实际使用功能所造成的影响，又需要相关部门修改意见，这些修改意见势必会给项目造成不同程度的浪费或者重复建设。

在高校新校区建设项目中，在新校区建设指挥部成立后就应该建立内部沟通协调机制。内部沟通协调机制存在纵向、横向两种关系。纵向关系又称为隶属型关系，其主体的法律地位不平等，在高校新校区建设项目管理中体现为领导与被领导的关系。横向关系就是相同地位的主体之间的并列关系，在高校新校区建设项目管理中体现为高校内部各部门之间相互合作的关系。高校新校区建设项目管理中的纵向关系和横向关系相互交织。高校新校区建设项目管理中应建立以高校内部部门横向协调沟通为基础的沟通协调机制，从而实现内部部门之间高效的相互协调与配合机制，促成项目管理的顺利进行。纵向关系也同样需要建立，由副校长担任新校区建设指挥部的总指挥，就是为了保证高校新校区建设项目管理中的纵向关系。

要做好高校新校区建设项目的管理工作，不能仅仅依靠某一个部门的力量，而是需要高校内部各部门发挥各自所长并且相互配合，才能做好高校区新校区建设项目的管理工作。一般情况下，高校在内部机构设置上，通常是内部各部门在各自的职责范围内各司其职。在高校新校区建设项目管理工作中，各部门一般分工如下：新校区建设指挥部主要负责新校区建设项目的管理工作，财务处主要负责相关款项的支付及决算工作，审计处主要负责建设项目审计，国有资产处主要负责项目的相关招标工作等。由于各部门各自站在自身的角度考虑问题，置其他部门的工作困难于不顾，难免导致这些部门在进行协调沟通工作中存在一些不顺畅的问题，致使高校新校区建设项目管理工作开展不顺利，从而阻碍高校新校区建设项目的建设进度。为了更好地建立高校内部各部门之间的沟通协调机制，高校内部各部门之间应加强沟通交流，相关专业技术人员也可以实行定期的轮岗制度，使得各相关部门的专业技术人员熟悉高校新校区建设项目管理的各个工作环节，以便更好地开展高校新校区建设项目的各项管理工作。

（二）建立管理制度

高校新校区建设项目管理工作的有序开展，就是要保证在高校新校区建设项目的建设过程中，所有参与建设的领导和工作人员的思想认识保持统一，尽力避免多头领导的产生，避免因领导水平的欠缺而造成管理上的弊端。只有统一思想认识，才能保证高校新校区建设项目中的项目管理工作统一、有序地展开。

新校区建设指挥部各部门要明确本部门工作的岗位责任，提高自身的工作服务意识，在高校新校区建设项目的管理工作中全面做好工作与服务。在高校新校区建设项目实施期间，新校区建设指挥部要以建设任务为中心，进一步明确建设目标，做好部门之间的沟通协调工作，为高校新校区建设项目管理提供良好的人文环境。

完善管理，制度先行。管理的基石和保障是制度。作为高校新校区建设项目管理的执行依据和标准，高校新校区建设项目管理制度始终指导着高校新校区建设项目的全过程管理工作。进一步加强和完善行之有效、科学合理的高校新校区建设项目管理制度体系，才能对高校新校区建设项目的管理工作加以规范，保证项目在整个建设过程中的顺利进行。各高校在高校新校区建设项目实施前需要建立健全高校新校区建设项目管理的条例准则，确保管理工作流程的可操作性。在高校新校区建设项目管理工作中努力做到职责分工明确，尽力完善各个岗位职责，争取做到有法可依、照章办事。

（三）建立建设计划

高校新校区建设指挥部应对高校新校区建设项目的整体进程做出详细且完善的建设计划。新校区建设指挥部应积极与政府相关管理部门、设计单位、有经验的施工人员进行充分沟通，早日落实高校新校区建设项目合理的实施计划，使高校新校区建设项目的设计、招标、施工等一系列工作能够按照计划有序进行。尽早规划好高校新校区建设项目的建设计划还有利于应对在建设项目施工过程中遇到的各种不可预测的因素对工期造成的影响，所以在建设计划中需要给建设项目的各个阶段预留出灵活机动时间，以保证高校新校区建设项目可以按照计划如期完成，使高校的各类教育教学及科研任务要求得到满足。

三、应用专业的管理技术和系统

对于高校新校区建设项目管理来说，系统的建设项目管理理念在高校新校区建设项目中的应用是很重要的，专业的建设项目管理技术的应用对于高校新校区建设项目管理也是不可或缺的。新校区建设指挥部需要吸收一些具有实际工作经验的、可以熟练运用项目管理专业技术的工作人员。在新校区建设指挥部组建之前就应该开始对这类工作人员进行专业技术等方面的培养，这类工作人员不仅需要接受过项目管理方面的专业培训而且需要具有一定的从业时间，这是合理运用专业技术人力的保证。

确保项目管理方面专业技术人员的数量及质量是采用新校区建设指挥部模式管理高校新校区建设项目能否成功的关键因素所在。高校新校区建设项目的特点是工期紧、周期长、投资大，项目组成复杂且多样。由于高校新校区建设项目管理的特殊性，管理的复杂程度和管理难度可想而知。高校新校区建设项目管理需要花费高校大量的精力和财力才能保证管理工作顺利完成，高校本身的项目管理能力又相对较弱；项目管理的各个环节之间相互联系，牵一发而动全身，很难实时监控并统一协调。为了使高校新校区建设项目的管理工作更加高效快捷，整体性更好，通常可以通过应用项目管理的技术平台来实现。项目管理的技术平台再通过项目管理专业技术对高校新校区建设项目进行统一管理。国内外主流技术平台主要有两种，分别是 BIM 建筑信息模型和 PMIS 项目管理信息系统。

（一）BIM 建筑信息模型

20 世纪 70 年代中期，由于全球石油危机的影响，美国各行各业都在思考如何提高生产收益。佐治亚理工大学的 Chuck Eastman 教授在其研究的课题"Building Description System"中提出"a computer-based description of a building"，"Building Information Modeling"即 BIM 建筑信息模型的理念首次出现在世界上。经过半个世纪的发展，BIM 建筑信息模型历经了萌芽、产生和发展三大阶段。最终实现建筑工程的可视化和量化分析，提高工程建设效率。

BIM 技术是现代项目管理的新手段，是通过数据对建设项目的表达，是项目管理的数据化工具。它不仅仅将项目的数字信息进行集成整合，而且通过对数字信息的应用，使项目管理实现数字化，建立以建筑工程项目的各项相关信息数据作为模型的基础建筑模型。通过对建筑的数据化、信息化模型整合，模拟出建筑物所具有的真实信息。在项目全过程周期内进行有关本项目知识资源信息的共享和通报。在项目的不同阶段，项目相关工作人员均可以通过在 BIM 平台中插入、提取、更新和修改项目信息，使得 BIM 的数据库始终是动态变化的，始终是在不断更新和丰富充实的。为各参建方提供协同作业的基础平台，为所有决策提供可靠依据，在提高生产效率、提高建筑质量、降低建造成本、减少风险和缩短工期方面发挥重要作用。

BIM 具以下特点：

1. 可视化（Visualization）。在传统建筑行业中，图纸是必不可少的工具之一，项目技术人员需要通过经验和空间想象力去诠释图纸的含义。随着建筑行业的发展和人们审美的进步，建筑物在形式上出现了很大的变化，建筑物的造型在不断地推陈出新，导致图纸复杂且不好理解。BIM 的可视化特点，可以将图纸转变成三维立体渲染动画展示在参与建设的工作人员面前，将建筑物的真实感和直接的视觉冲击感带给参与建设的工作人员。

2. 协调性（Coordination）。高校新校区建设项目管理中，需要新校区建设指挥部、设计单位、施工单位等各个参建方之间相互协调及配合。传统管理中，一般用会议的形式将各方组织在一起，解决在项目的实施过程中遇到的问题，找出问题发生的具体原因，研究解决对策，做出相应补救措施。这就使项目管理出现了滞后性。

高校新校区建设项目在建设过程中涉及的专业较多，各个专业之间相互影响相互制约，管理工作较为复杂。BIM 的协调性能够很好地协调各专业之间的关系。利用 BIM 技术在项目实施之前利用碰撞检查对各专业的碰撞问题进行协调，生成协调方案，优化设计，将建筑施工阶段可能存在的因为协调工作没做好而产生的错误、造成的损失和返工的可能性降至最低。项目正式实施期间，工作人员可以利用 BIM 优化后的三维方案进行工程交底、施工过程模拟等方面的工作，从而提高项目整体质量，同时也提高了与参建各方之间的沟通效率。

3. 模拟性（Simulation）。BIM 的模拟性不仅仅可以模拟出建筑物模型，还可以模拟某些真实场景下的项目状态。在项目实施的各个阶段，BIM 系统可以模拟出节能模拟、日常情况紧急疏散模拟、日照模拟等不同需求下的项目模拟情况。参建各方可以随时随地查看模拟情况，及时发现问题，高效沟通协调解决问题。即使是不具备建筑专业技术知识的高校领导也可以通过 BIM 系统对高校新校区建设项目的各种问题和情况及时了解和掌握。

（二）PMIS 项目管理信息系统

PMIS 是项目管理信息系统（project management information system）的简称，是运用计算机对项目进行辅助管理的工具，可以有效地为项目的顺利实施供给支持。项目管理信息系统能够进行费用估算，并收集相关信息来计算挣得值和绘制 S 曲线，能够进行复杂的时间和资源调度，还能够进行风险分析和形成适宜的不可预见费用计划等等。项目计划图表（PERT 图、甘特图）的绘制、项目关键路径的计算、项目成本的核算、项目计划的调整、资源平衡计划的制定与调整以及动态控制等都可以借助于项目管理信息系统。

项目管理信息系统中采用的方法即项目管理的方法，主要是运用动态控制原理，将项目管理的投资、进度和质量方面的实际值与计划值相比较，找出偏差，分析原因，采取措施，从而达到控制效果。因此，项目管理信息系统主要包括：项目投资控制、进度控制、质量控制、合同管理和系统维护等功能模块。进度管理、质量管理、造价管理三大信息控制系统在工程的项目划分与项目编码上必须严格按照标准化规范设计并一一对应。以施工图设计和概预算数据为基础，以进度计划网络图为工具，自动产生指导性的物料（原材料、设备设施）需求、人力资源需求等。

各高校可以根据项目的实际情况从中选择最适合本校情况的平台进行项目管理。

第四节　高校新校区建设项目决策阶段的资金管理

一、资金来源渠道

由于我国高校并不是营利性机构，新校区建设项目也不具有营利目的。高校新校区建设项目的建设资金基本全部来源于高校自筹或政府拨款。这就使高校新校区建设项目的建设资金容易出现短缺的情况。这种情况容易给高校资金运转造成很大的弊端。高校新校区建设项目由于金额一般较大，使用的时间又比较集中，以教书育人为主要任务的高校在筹集建设资金方面困难重重，所以建设资金不到位的情况普遍存在。高校新校区建设项目的建设资金若不能按时到位，建设项目有可能出现停工、不能按期完工等情况，进而导致来自各参建单位的经济索赔。经济索赔又是一大笔资金的开销，不仅使高等学校在经济上受到损失，还会将原本就已经出现资金周转困难的高校推入灾难的深谷。

解决这一难题的根本途径在于转变思路，由过去的学校管理转变为学校经营，通过盘活国有资产，为高等教育事业的发展开辟新的途径。我国高等院校的财务资金来源主要是以政府拨款为主，所拨款项足以维持高校日常基本资金需求的运转。在高校大规模建设新校区期间，这一资金来源渠道已不能满足新增固定资产投资资金的需要，各高校必将面临巨大的资金压力。因此，有必要结合高校实际情况进行全面的资金来源分析。对于高校已有的筹资渠道，要考察这些渠道是否可以拓宽，从而获得更多的经费。同时放宽思路，扩展新的筹资渠道，为高校新校区建设项目的顺利进行提供资金保证。

高校新校区建设项目的顺利实施，需要有充足的建设资金作保障，建设资金筹集的顺利与否将直接影响到新校区建设项目能否顺利进行。建设资金筹集渠道仅仅依靠银行贷款是不行的，为保证筹集到一定数量的新校区建设项目所需的建设资金，各高校应该群策群力、广开言路，努力拓展高校新校区建设项目建设资金的筹集渠道，以保证高校新校区建设项目的建设资金按时按量到位。

我国高等院校的资金来源渠道并不复杂，分别为：基本支出补助、教育事业收入、贷款、社会投资、科研事业收入、社会捐赠和资产置换收入。

（一）基本支出补助

我国高等院校作为非经营性事业单位，主要的资金来源为基本支出补助，主要指各级财政部门向各高校划拨的各类财政拨款。

基本支出补助的数量相对比较稳定，是政府按照在校生人数对各高校进行资金划拨，高校扩招的可以得到更多的补助金额。但是由于各高校的基本支出补助基本上属于专款专用，不可随意改变资金的使用性质。

（二）教育事业收费

教育事业收费是世界各个高等院校的普遍资金来源渠道。在我国，各高校根据国家出台的各类收费政策，主要依靠开展教育教学活动合理合法取得的收入。具体包括通过学历和非学历教育向受教育者收取的学费、住宿费、委托培养费、考试考务费、培训费等。各高校还可以通过自身在专业和行业上的优势，遵照国家的成人教育和继续教育的相关政策，举办各类成人教育和培训，扩大校企、国内外合作办学和各类社会培训，增加教育事业收费的额度。

（三）贷款

高校的性质决定了高校的银行信用等级很高，高校向银行贷款相对容易，所以大多数高校会采取贷款的方式筹集高校新校区建设项目的建设资金。同时，全国各大银行对于高校这种有偿还能力的事业单位性质的优质客户也很欢迎，各家银行都在积极争取各高校与其签订贷款合作协议，优先向高校这类单位放款。贷款这种方式会使高校承担着巨大的本金偿还压力和数额较高的贷款利息偿还压力。这些压力会直接导致原本就相对紧张的学校财务资金，出现为筹集高校新校区建设项目的项目资金而更加困难的情况。

（四）社会投资

高校自身的财务资金不足，在新校区建设项目中的资金容易出现捉襟见肘的情况，为了弥补资金额不足，世界各地普遍采用BOT模式来进行项目融资，即 Build-Operate-Transfer 模式，中文翻译为：建设—经营—转让。该种模式的主要操作方式是在约定的时间年限内，由社会投资单位对项目进行建设、经营和维护。年限期满，社会投资单位将经营和维护权交还给各高校。这种模式解决了建设期间高校资金不足的情况，在社会单位经营期间也使社会投资单位的投资有所回报。这种模式对于没有经营性质的教学楼、图书馆、办公楼、实验室等教学设施并不适用，只适用于学生公寓、学生食堂一类的非教学设施，有一定经营属性的后勤设施。

（五）科研事业收入

高校的科研事业收入是指各高等学校开展各类科研及科研辅助活动所取得的收入，包括通过承接科研项目、开展科研协作、转让科技成果、进行科技咨询所取得的收入，实验室开放收入、科学文献资料翻译和复制收入，以及其他科研事业收入等。

在高校的各类收入中，越是科研能力强的高等院校其科研事业收入占其总收入的比例越大。近年来，随着部分高校的科研能力不断加强，其科研事业收入已超过基本支出补助。以清华大学为例，2018 年度清华大学的科研事业收入为 108.7 亿元，是清华大学基本支出补助额 52 亿元的两倍。

（六）社会捐赠收入

社会捐赠是指海内外个人、企事业单位和社会团体自愿向高校捐赠的各种款物。捐赠款可用于设立各种基金和各类奖学金、奖教金、资助金等；捐赠的图书资料、仪器、设备、软件、车辆、房产等实物可用于高校的教学、实验、科研及行政办公等。

社会捐赠是世界一流大学办学经费的重要来源。当前，随着我国高等教育事业的不断发展，捐赠已成为我国高校发展的重要资金来源。随着我国社会经济的高速发展，高收入人群逐渐增多，为教育事业发展提供了捐赠资金来源。社会知名人士及高校的优秀校友，为了感谢高校培养出很多优秀人才，对高校给予捐赠，例如邵逸夫为东北大学捐赠建造的逸夫楼。

（七）资产置换收入

在经济学中，资产置换主要运用于企业经营运作中，是资产重组的一种方式，是一种资产经营模式。它是指上市公司的交易双方将经过评估的资产进行等值置换，或以主营业务资产置换非主营业务资产等情况，将不符合公司发展的资产剥离出去，同时注入优质资产；包括整体资产置换和部分资产置换等形式。资产置换这一经济学中的概念也可以应用于高校新校区建设项目的资金筹集方案中。

高校新校区建设项目中运用资产置换的方式筹集资金，是通过置换高校的自有资产来筹集新校区建设项目所需资金的模式，主要是以转卖老校区土地及地上物为主要手段。由于城市的早期规划限制，我国的高等院校的老校区都建设在城市的中心繁华地带，老校区区位优势较为明显，商业价值极高，地价相对较高。新校区一般建设在城市的新区，地价一般比较便宜，二者的价值差，可以用来建设新校区建设项目。沈阳建筑大学、沈阳航空航天大学、沈阳师范大学等众多高校在新校区建设项目中都通过老校区资产置换模式，顺利完成了新校区的建设任务。

资产置换主要具有以下优势：

1. 顺利解决建设项目资金的落实问题

新校区建设项目的资金落实情况，直接影响到项目能否顺利进行。通过资产置换的方式可以使高校快速解决高校新校区建设项目的资金落实问题，使得新校区建设项目顺利开展，改善高校的各项办学条件，迅速提高高校的综合实力，从而提升高校的聚合力和魅力。新校区整体硬件水平加以改善，也会吸引更多的名师大家加入高校的教育教学工作，更会吸引考生报考，对高校的发展有很多正面导向作用。

2. 有助于解决高校新校区建设与教职工利益之间的矛盾

为了防止各高校拖欠的各类银行贷款，有些地方政府出台了关于高校在贷款未还清的情况下，该单位的教职员工禁止上调工资的政策。但是，在高校新校区建设项目的初期融资阶段，一定会运用银行贷款。由于新校区建设项目的投资金额较大，所以贷款金额也会很大，随着时间的拖延，会导致贷款利息的无限增加。资产置换可以快速解决偿还贷款的问题，也就缩短了在职教职员工不能及时按照政策增长工资的时间，从而解决了高校新校区建设与教职工近期利益之间的矛盾。

二、资金风险的防范

资金是保证高校新校区建设项目顺利进行的前提。资金涉及的方面较多，同时在风险方面也存在着很多问题。近年来，国家对农民工上访问题十分重视。为了减少这种事情的发生，高校作为业主方，应积极努力尽量避免此类事情的发生，避免农民工上访对高校产生负面影响，保障新校区建设项目的工期和质量不受影响。这就需要建设资金链有所保证，所以资金的风险防范显得尤为重要。为了更好地对资金风险进行防范，尽量避免由于工期拖延所产生的索赔事件造成不必要的经济损失。

资金风险产生的原因有很多，比如国家经济政策的改变、自身经营的不稳定性、管理水平低下、信用危机等。在高校新校区建设项目中，高校成立的新校区建设指挥部是资金支配的主体，其自身的风险防范意识尤为重要，各高校一定要从自身出发，积极认真做好资金风险的防范工作。根据以往经验，各高校可以从下面几个方面对资金风险进行防范：

（一）贷款额度控制

高校新校区建设项目初期，由于资产置换的发生时间需要在新校区建设项目完成之后，所以在高校新校区建设项目的建设初期，高校一般都需要向银行进行贷款。高校在向银行贷款时应提前做好贷款规划，推算出合理的在可负担范围内的贷款额度。贷款额度不应影响各项教育教学活动的正常开展，高校的年预算收入要大于年预算支出与资金成本之和。

（二）创新资金收入渠道

我国高等院校的资金来源渠道并不复杂，分别为：基本支出补助、教育事业收入、贷款、社会投资、科研事业收入、社会捐赠和资产置换收入。各高校应该充分利用上述收入渠道，运用社会投资对新学校建设项目中的学生宿舍、食堂等具有经营性质的教育教学基础设施进行投资。在新校区建设项目的建设初期，利用银行贷款，有效解决建设初期资金不足的问题。各高校可以利用自身优势扩展收入渠道，在鲁迅美术学院新校区建设项目的建设过程中就有许多老师表示可以捐赠自己的书画作品来筹集资金，为学院的新校区建设项目的顺利开展贡献一份力量。

（三）设立资金风险预警机制

为了及时准确地获取资金的相关预测性信息，使高校可以在第一时间找到高校新校区建设项目资金管理中存在的问题，各高校应该建立资金风险预警机制。资金风险预警机制的设立可以提高高校新校区建设项目的资金风险防范能力，根据实际情况及时调整高校新校区建项目的建设计划，对建设资源进行进一步的优化配置，尽力避免因决策失误而带来的经济损失。

第五节　鲁迅美术学院新校区决策阶段的相关分析

一、建设背景及意义

鲁迅美术学院前身是 1938 年由毛泽东、周恩来等老一代领导人亲自倡导创建于延安的鲁迅艺术学院，是中国共产党创办的第一所艺术院校。毛泽东同志亲自为学院书写校名和"紧张、严肃、刻苦、虚心"的校训。1945 年，延安鲁迅艺术学院迁校至东北沈阳。1958 年，鲁迅艺术学院发展为鲁迅美术学院。1998 年，江泽民同志为学院题词："弘扬鲁艺传统，培育艺术人才，繁荣社会主义文化事业。"建校以来，鲁迅美术学院致力于弘扬延安鲁艺传统，创作艺术精品，打造红色文化经典，为东北地区乃至全国的政治、经济、文化、社会发展做出卓越贡献。应该说，鲁迅美术学院 80 多年的光辉历程，与中共党史、中国革命史紧密相连。悠久的办学历史积淀了学院深厚的文化内涵。鲁美已发展成为师资力量雄厚、专业齐全、办学水平和整体实力均属全国同类院校前列的高等艺术学府。

学院现有沈阳和大连两个校区。沈阳校区坐落在著名的高新产业街——三好街。校区现有 12 个系：国画、版画、油画、雕塑、染织服装、环境艺术设计、工业设计、摄影、文化传播、艺术教育研究中心、水性材料、美术史论；设有 16 个专业方向：中国画、书法、版画、水彩、油画、雕塑、摄影、影视摄影、环境艺术设计、城市规划与设计、染织艺术设计、服装艺术设计、纤维艺术设计、工业设计、美术史论、文化传播与管理。"十二五"期间新增展示设计和实验艺术 2 个专业方向。鲁迅美术学院现有教职员工 800 余人，其中，教师 499 人，包括教授 46 人，副教授 119 人，讲师 156 人，助教 101 人，并有一批国外专家和国内艺术界有名望的离退休老教授在教学一线发挥着重要作用，其中 9 位专家享受国务院颁发的政府特殊津贴。根据普通高等学校办学条件指标，并结合实际情况，学院还将不断扩大教师队伍及师资力量。

作为辽宁省内唯一一所培养高级艺术人才的高等艺术院校，鲁迅美术学院师资力量雄厚、专业齐全、办学水平和整体实力位于全国同类院校前列，学院现有在校生 3556 人，学院教学区占地面积 81333 平方米，生均占地面积 22.87 平方米。根据 2004 年教育部发布的《普通高等学校基本办学条件指标（试行）》，监测办学指标要求艺术院校的生均占地面积为 88 平方米。学院生均占地面积距国家合格标准相差很远。鲁迅美术学院现有在校学生 3556 人。其中，本科生 3156 人，研究生 366 人，留学生 23 人，进修生 11 人。根据学校现有学生具体构成数据，结合学校的未来发展战略，预测未来在校生人数稳定持续的小幅上升，至 2025 年，在校生规模将达到 3700 人。其中，在校本科生 3200 人，研究生 450 人，留学生 50 人。至 2030 年，在校生人数将达到 4500 人。其中，在校本科生 3200 人，研究生 1200 人，留学生 100 人。

随着学院的发展，现有校区陈旧老化，已不能满足现代化办学和发展的需要，为促进学院的可持续发展，充分发挥优质教育教学资源优势，拓展办学空间，改善办学条件，结合以上情况，展开建设新校区建设项目工作是最佳选择。通过新校区建设项目，解决了学校面临的教学资源不足、基础设施陈旧的现实困难和突出问题，有利于推动学院上标准、上水平发展，继续发挥学院在文化领域内的突出作用，促进辽宁省高等教育事业有特色高水平发展。根据学院"十四五"规划，新时期学院在学科建设方面的指导思想是"保本、增研、拓博"，学院将积极创造条件，提升办学层次，申请博士学位授予权，巩固美术学和设计艺术学省级重点学科的优势，增加研究生招生比例。

二、用地指标情况

鲁迅美术学院新校区项目的建设地点位于沈阳市东陵区，建设用地东邻莫子山公园，西至沈中大街，南临创新路，北至运河路。新校区建设项目规划占地面积 49.4 万平方米。其中教学区规划占地面积 42 万平方米，约 630 亩。建设用地近似直角梯形，西侧南北向较长，东侧南北向较短。场地内无不良地质现象，地势比较平坦，适合作为建设用地。

浑南新城发展定位为"沈阳市行政、科技和文化中心""世界第三代城市典范、东北亚智慧新城",根据沈阳市规划设计研究院编制的《沈阳浑南新城用地规划》,新城规划建设新行政中心、南站综合枢纽、全运村及设施、文化创意中心和科技总部五大功能区,项目建设地点位于文化创意中心核心位置,地理位置优越,毗邻学院有莫子山国际会议中心、全运会运行中心、沈阳音乐学院、万润会馆等文化体育设施,具有良好的文化艺术氛围。

项目建设用地符合城乡规划要求,已获得由沈阳市规划和国土资源局东陵分局颁发的《建设项目选址意见书》(选字第210112201200028号)。

三、新校区建设的基本目标

新校区建设的基本构想是要建成一座在中国具有地标性的建筑园区,本着"朴厚、端庄、当代、实用、温馨"的原则,把"经典、绿色、环保、低碳、宜居"的设计理念融入其中,建设成为布局合理、功能完善、融于自然、满足人文需求、具有当代设计理念、富于艺术个性、经得起时间考验的大学校园。

四、规划设计师的选用

鲁迅美术学院新校区是由瑞士设计大师马里奥·博塔主笔,虽然博塔先生的许多作品被奉为经典,如玛特现代与当代艺术博物馆、莫玛现代艺术博物馆、瑞士巴塞尔博物馆、天使的圣玛利亚小教堂、乔瓦尼二十三世的主教教堂、以色列特拉维夫 Cymbalista 住宅区、西姆巴利斯塔犹太教会堂和希伯来遗产中心、彼其勒博物馆等,但是新校区初始设计方案完成时间紧、设计规范与国内不尽相同、地域文化背景的差异性,以及有限的资金约束,使得我们必须对设计方案进行优化和完善。

五、资金来源

资金来源由老校区资产置换解决。

第三章

高校新校区建设项目规划设计
阶段项目管理

　　高校新校区建设项目对于每个高校来说都是十分重大且重要的一项工作。通过高校新校区建设项目可以使高校的教育事业的长期规划和现阶段的建设目标得以实现，可以为国家和社会培养和造就更多的优秀高级人才。高校新校区建设项目的规划设计中在表现高校的办学特点和理念的同时，还要体现高校自身的浓厚的文化氛围，既要注重整体风格的优雅适宜，又要体现高校的活力及积极向上的精神。为在校师生的工作、学习、生活创造一个宁静、舒适的优美环境。高校新校区建设项目的规划设计方案应该具有创新型的指导思想。创新型的指导思想不仅要体现在新地址、新校区、新项目上，而且主要体现在新校区建设项目的规划设计方案的创新性、单体建筑设计的创新性和高校自身风格的创新性上。

　　正所谓"项目建设，规划先行"。对高校新校区建设项目来说，规划设计阶段尤为重要，高校新校区建设项目中的规划设计阶段是整个项目的基础，是项目能否顺利实施的前提条件，规划设计阶段的成果质量将会直接影响项目的整体定位，对项目建设期间的建设成本和质量的控制及管理有着很重要的影响。因此，高校新校区建设项目的规划设计阶段的管理工作一定要得到新校区建设指挥部的足够重视，具体可以从以下几个方面开展工作。

第一节　高校新校区建设项目规划设计阶段的基础工作管理

　　国内建筑设计领域，一种较为普遍的场景是：设计师在局促的设计费和紧迫的时间压力下，将设计规范转换成图纸。只要能按时提交设计方案并得到甲方的通过，不延误工期即为完成任务。设计方案中缺失了设计本身的整体感和创作感。甲方拿到图纸后，亦没有时间比选，开始马不停蹄地建造，投入了大量的成本，却难以成就高品质工程建筑产品。

　　规划设计是否合理的评判不尽相同，但是对于不同的专业，在不同的项目上目标是一致的。对于学校来讲就是在保证建筑安全与功能的同时节省成本。同时，优化的过程，并不是要等发现"病症"去补救，而是必须在规划设计之前就开始。高校新校区建设要坚持规划先行的理念，以科学的态度和方法对学校进行定位。校园规划要符合本校校情并结合学校中长期发展规划，不要好高骛远，使新校区规划真正具有科学性、权威性、规范性和指导性。

　　我国对高校新校区建设项目规划设计随着当今全世界知识经济体系的全面更新也发生了剧烈的变化：多媒体与数字化技术，将传统的教学方式进行了彻底的改变，直接影响到高校新校区建设项目的功能与使用；校园文化教育、学生的素质教育也与专业学科教育一样受到了同等重视。因为规划设计对高校新校区建设项目的建设起到了非常重要的影响，各高校越来越重视高校新校区建设项目整体规划设计。规划设计单位尽力使高校新校区建设项目整体规划设计体现出浓厚的学府氛围，增强校园文化的体现。高校新校区建设项目的规划设计工作是高校新校区建设项目的基本的建设起点。

因此，高校新校区建设项目的总体规划设计的原则为：遵循科学合理的平面布局，对高校新校区建设项目进行合理的标段划分；规划设计需要具有适度的前瞻性，留有进一步发展的空间，使高校新校区建设项目具有的一定的弹性生长空间，既可以将项目进行分阶段的实施，又可以保持项目的相对整体完整、分步骤建成的规划设计原则。不仅要做符合规范要求的园区内路道管网设计、水电管网设计、给水雨水排污系统设计的整体规划设计，也要重视园区内的绿化、景观设置、弱电智能化以及建筑人性化的整体系统规划设计。高校新校区建设项目的校园文化氛围需要依靠高校新校区建设项目的规划设计体现出来，全体师生工作生活、教育教学、学习沟通、日常休闲和课外活动都将在建成的高校新校区建设项目中进行。高校新校区建设项目规划设计的质量将直接影响在校师生的日常生活工作体验。为了更好地对高校新校区建设项目做出总体的规划设计，需要处理好以下几个主要问题。

一、重视规划设计方案的可行性分析和专家论证

在高校新校区建设项目规划设计的前期准备阶段，应多次召开高校新校区建设项目关于规划设计的论证会，使规划设计单位充分理解高校各院系对建筑物的工艺技术要求、功能使用要求及相应的特殊性要求。

规划设计人员与新校区建设指挥部的配合工作并不仅仅是移交资料。在规划设计方案制定的阶段，新校区建设指挥部应全方位参与规划设计的方案制定工作。规划设计工作人员在充分理解新校区建设指挥部提出的要求的同时，结合专业性的技术经验，设计出一个初步规划设计设想。新校区建设指挥部针对初步规划设想提出符合实际的需求的建议和意见。经过多次讨论沟通后，规划设计单位

将初步规划设计设想予以适当的修改，最终确定规划设计方案，并将方案转化成图纸用于报建工作。规划方案设计图纸完成后，交由高校管理层以及高校新校区建设项目所在地区的人民政府主管部门进行方案论证，高校新校区建设项目所在地区的人民政府主管部门批准确定规划设计方案的可行性后，规划设计人员方可确定规划设计方案。

很多人都认为高校新校区建设项目是属于国家财政拨款的"公建项目"，所以高校新校区建设项目的前期工作，无非就是办理项目相关的政府审批手续，进出政府主管部门报送材料。这种对高校新校区建设项目前期管理工作的理解是错误的。高校新校区建设项目，一般情况下由于相关政策出台时间较为紧张，所以都存在整体工期较为紧急的问题，高校新校区建设项目的规划设计阶段和施工建设阶段相对较短，时间紧任务重，时常会造成成本控制的困难局面。想要打破这种局面，做好《可行性研究报告》是非常有必要的。高校新校区建设项目规划设计阶段的重要工作内容之一是《可行性研究报告》的编制，新校区建设指挥部应重视高校新校区建设项目的《可行性研究报告》并保证其质量。质量较高、契合实际的高校新校区建设项目的《项目建议书》和趋于完美的高校新校区建设项目的《可行性研究报告》在高校新校区建设项目的批准立项之初就需要新校区建设指挥部编制完成。但高校新校区建设项目的《可行性研究报告》的编制工作经常容易被轻视，有的高校随便委托一家所谓的管理公司，随意编制一个《可行性研究报告》，甚至有的高校根本不做可行性研究。在项目决策、成本控制、技术质量控制等方面，《可行性研究报告》均可以为拟建的高校新校区建设项目提供依据。《可行性研究报告》不是一个仅仅流于形式上的工作，高校新校区建设项目的可行性研究主要是从高校新校区建设项目建设和使用的全过程考察分析项目的可行性，其目的是回答以下六个问题：做什么（what）、为什么要做（why）、什么时间进行

（when）、谁来做（who）、在何地做（where）、怎样做（how）。高校新校区建设项目的《可行性研究报告》还要充分考虑高校新校区建设项目选址的周边环境、市政配套设施和相关设备投入等。如果前期准备不充分，施工队伍进场施工时才发现施工用水、电、道路等无法满足正常的施工需求，致使大量的施工工人和施工设备在施工现场停滞，极易造成工期的延误和施工单位的索赔。经过上级政府主管部门批准后的可行性研究报告是高校新校区建设项目最终决策和规划设计的直接依据。

高校新校区建设项目作为一个体量及工作量较大的项目，需要经过反复多次的可行性研究分析和数次的专家论证，因为无论多认真编制的规划设计方案都需要不断地修改，进一步修改达到合理和完善。规划设计要进行科学论证，以保证其规划设计的合理性。在使用功能上，既要满足高校新校区建设项目的总体指标和人均指标，市政配套服务设施齐全，又不能造成高校新校区建设项目功能的浪费与不足；在整体功能布局上，根据高校新校区建设项目的实际情况（比如限高要求），确定高校新校区建设项目房屋的平面位置、朝向、布局以及楼与楼之间的距离，尽力提高高校新校区建设项目房屋容积率；根据规范标准，使高校新校区建设项目的规模、建筑面积、总投资均控制在由政府主管部门批准的初步设计的范围内，以防止超出概算。在规划设计阶段要充分发挥专家的专业性，通过多次召开专家分析论证会，充分听取专家对高校新校区建设项目的评审意见；同时要群策群力，组织本校师生以及各院系领导班子对高校新校区建设项目规划设计方案的适用性和实用性进行分析，有根据地提出合理的意见和建议，使高校新校区建设项目规划设计方案具有较高的适用性和较高的认同性。

经过上级政府主管部门批准后的《可行性研究报告》是高校新校区建设项目最终决策和规划设计的直接依据。

二、加强资料数据的收集和调查研究工作

规划设计前的校园整体情况调研是实现高校新校区建设项目规划的前提，是项目规划设计方案设定的依据。为了使高校新校区建设得更好，要加强高校新校区建设项目前期的资料数据收集和调查研究工作。资料数据收集和调查研究工作的重点应放在分析高校新校区建设项目建筑物的使用功能方面。

在规划设计前期的校园资料和数据的收集准备阶段，新校区建设指挥部要做好规划设计前期的校园资料和数据收集的准备工作。通过调查初期的实地测量、整体统计和整体规划，尽力减少资源的浪费。规划设计单位在为高校新校区建设项目做规划设计工作之前，需要全面了解高校新校区建设项目建设场地内外的自然情况，核实场地外围的道路走向情况和水电设施是否符合高校新校区建设项目需求，掌握城市道路及市政电力、市政给排水的相关数据。规划设计单位应对师生的生活、学习、工作方式及相关规律进行明确的了解，深入分析高校各项教学研究活动的模式和流程，准确定位校园的地理位置、了解自然环境、气候等特点以及高校新校区建设项目与周边环境的联系，深化对高校新校区建设项目校园文化的理解，明晰校园文化特色。规划设计单位应切实深入到高校内部，全面考查预测学校的教学资源状况及将来的发展规模，结合广大师生对高校新校区建设项目规划的意见和建议，结合自身的规划设计专业知识以及对高校新校区建设项目的理解，制订合理、科学的高校新校区建设项目规划方案，为下阶段的工作奠定良好的基础。

新校区建设指挥部要加强内部协调，与规划设计单位一起，配合各级院系反复进行功能的分析，研究出满足各院系使用需求的规划设计方案和真实数据。高校新校区建设项目规划设计任务书和高

校新校区建设项目规划设计方案在提交至新校区建设指挥部和各院系进行讨论之前应该经过认真的编写，提交之后应广泛征求新校区建设指挥部和各院系的意见，以防止出现工程完工后再调整使用功能而造成各方面浪费的现象发生。因此，要详细采集相关数据。可以聘请本校或社会上的业内专家对相关数据进行汇总。专家们在对数据进行综合分析后，确定高校新校区建设项目的建设规模，报审投资额也有了依据。与此同时也可以避免高校新校区建设项目的建设规模与实际的需求、预算投资额与资金实际量之间出现较大的偏差。

规划设计人员在收集整理高校新校区建设项目的规划设计需求时，新校区建设指挥部应尽力为规划设计人员提供详尽的基础资料。收集整理高校新校区建设项目的规划设计基本需求的工作由于涉及的方面非常广泛，所以收集和整理难度较大，需要耗费很长的工作时间。因此，规划设计人员在规划设计的过程中要注意保持与新校区建设指挥部的联系，加强沟通，使高校新校区建设项目的规划设计工作顺利高效地完成。

三、确定合理的建设规模

我国现阶段高等教育飞速发展，国家对高等教育的发展也越来越重视。在中央政策的宏观管控下，高等教育的发展有很多不能确定的因素存在。这些不确定的因素对于每个高校的影响都是巨大的。所以，在高校新校区建设项目的规划设计阶段很难准确预测出若干年后的高校的发展规模和发展定位。目前，我国高等教育的教育模式呈现多元化的趋势，在传统的本科教育和专科教育蓬勃发展的同时，研究生教育及成人教育也逐渐发展成为较为普遍的教育模式。高校新校区建设项目的规划设计方案需要积极应对这种多元化的教育模式，使高校新校区建设项目的建设规模满足各高校在这种教育模式下的不断变化所带来的影响，防止由于规划设计不到位导致高校新校区建设项目产生不可挽回的损失。

在高校新校区建设项目的规划设计阶段，各高校应该根据自身教育教学的特点及自身的专业特点对新校区进行规划。高校新校区建设项目的规划设计规模既要适应高校也要遵循社会对人才数量的消化与需求。根据学校整体规划确定学校未来的专业设置计划及在校生的数量，合理确定高校新校区建设项目的建设规模。项目合理规模的确定主要目的是解决高校的日常教育教学需求。高校新校区建设项目的规模规划过小，会导致建设项目满足不了新校区建设指挥部需求；高校新校区建设项目的规模规划过大，会造成大面积的浪费，投资资金不能得到有效利用。综上所述，项目规划规模的选择是否合理，直接影响到项目的建设成败，关系着建设投资是否合理。为了使高校新校区建设项目的规划规模更具合理性，在规划高校新校区建设项目的规模时，要重点参考以下几个方面的问题：

（一）在校学生人数。确定项目规模的首要因素是在校学生人数。在校学生的人数不仅要考虑学校的现有在校学生人数，还应该考虑高校所在地区政府对教育的整体布局和定位，对经济发展长远规划和社会市场对不同专业人才的需求预测，确定未来中远期学校的在校学生人数。

（二）结合老校区实际情况。老校区作为高校的根基，虽然在一定程度上已经满足不了新世纪新时代高等教育的要求，但是老校区的科研、教学等实际情况均应作为新校区的参考依据，统一规划。在实际操作中，应依据国家相关文件规定的建设规划面积指标，结合老校区建筑与占地面积，确定高校新校区建设项目的规划面积。

四、明确规划设计理念与功能

由于当前社会的整体规划设计风格偏向于轻奢风格，所以高校新校区的规划设计方案也往往会迎合社会整体的设计风格，运用华而不实的设计追求设计外观的造型优美和整体效果。以人为本的建设理念在高校新校区建设项目的总体规划设计中往往没有很好地体现出来，通常表现在：

（一）构图在高校新校区建设项目整体规划方案中被过于重视。总平面的造型经常被设计成为学校标志、图腾，使总平面图具有特殊的象征意义，对于生态轴、人文轴、中轴的硬性追求也影响着高校新校区建设项目的规划设计。在规划设计中，这些特殊的象征意义和轴线确实有实际的意义，但是规划设计的重点不能被所谓的象征意义图腾或者轴线约束，本末倒置的疏忽甚至损害道路交通管网、建筑朝向或者整体合理布局等规划设计的实质性内容。

（二）高校新校区建设项目的校园景观环境，不但有着美化环境的作用，还应该具有如学术交流、休闲娱乐、晨间运动等使用功能，这就需要规划设计师很细致入微地、设身处地为广大师生考虑。现阶段的一些规划设计对教师和学生学习和生活所需要的空间考虑存在明显的不足，各类景观空间的面积都很大，但是适合师生活动的设施却很少，或者直接拒绝师生进入。这样的规划设计造成了这些景观空间只可远观，不能为师生提供更好的服务，很难让师生产生场所体验感、设计认同感和存在归属感。

（三）高校新校区建设项目的占地面积较大，在规划设计上普遍追求大空间、深轴线、大广场，如几平方千米的水上景观，几千米长、几百米宽的校园景观大道，上万平方米的校内广场，学生和教师们在这样的规划设计建成的高校新校区建设项目中生活学习，感觉不到舒适感，这样的规划设计不符合高校校园环境空间所需要的氛围。不仅建筑本身不具有科学性和实用性，还大大增加了建设成本。

现代化校园是文化的汇集点，是知识流动的场所。为更好地为国家建设培养高素质高文化高水平的人才，高等院校新校区建设项目的规划设计方案需要体现以人为本的规划设计理念。着重考虑在校师生的各类物质文化的需要和精神追求上的需要。高校新校区建设项目的建设及管理工作在体现学校自身特点的同时，也要体现以人为本的基本原则。

高校新校区建设项目的规划设计方案中在表现高校的办学特点和理念的同时，还要体现高校自身的浓厚的学习文化氛围，既要注重校区整体风格的优雅适宜，又要体现高校的青春活力及努力拼搏积极向上的精神。高校新校区建设项目的规划设计方案中，整体建筑布局要合理，建筑整体风格形式多样，新校区整体景观优雅美观，突出本校自身风格，选择可以代表本校的颜色作为建筑主色调，充分体现高等学校的自身特点。

注重环境使用的舒适性的同时，也要在规划设计中营造出多层次的学习交流空间。根据上述要求去设计不仅能够满足各种教育教学要求，又能激发师生交流的欲望和兴趣，通过课堂内外交流空间环境的潜移默化，全面提高师生的文化素养。高校新校区建设项目的规划设计要体现以下功能：

1. 实用功能：校园内有桌椅、石墩、指示牌、路灯、报栏、娱乐设施，师生可以驻足思考也可以任意行走，可以锻炼身体，也可以娱乐休闲。

2. 心理功能：纪念雕塑、石刻、纪念碑有着某种特殊的纪念含义，在精神上能够给师生带来寄托或启迪，在高校新校区建设项目规划时，应适当考虑安放。

3. 美学功能：绿化树木、水面设施能使师生心里愉快、给师生带来美的感受，在高校新校区建设项目规划时，应适当考虑设置。

高校新校区建设项目的规划，不仅要在建筑整体布局及形式上保证本着超前规划、设计前卫、高起点规划、高标准建设和设计的原则，同时也要尽力将高校新校区建设项目规划成能体现以人为本、生态化、信息化设计理念的现代校园。

五、强化规划设计阶段管理与监督

在高校新校区建设项目规划设计阶段的管理与监督在高校新校区建设项目的整体项目实施的质量控制有着特别重要的作用。高校新校区建设项目需要充分考虑到教学、研究、办公、宿舍、实验等服务区域的大小、特征和色调的和谐统一，同时还要考虑到道路、电力系统、给排水系统、校园文化、景观美化等各个方面的综合协调。高校新校区建设项目规划设计阶段应当进行科学的管理并且得到实时的监督。高校新校区建设项目的规划设计图纸应该严格审核和优化。

高校新校区建设项目规划设计阶段在高效新校区建设项目成本控制中起到非常重要的作用。

高校新校区建设项目规划设计阶段的管理质量控制严格与否，是高校新校区建设项目能否顺利实施的前置保障，是高校新校区建设项目的项目整体定位、项目成本控制和项目质量控制能否达到管理要求的有力保证。规划设计阶段的项目管理对高校新校区建设项目的成败有着极其重要而深远的影响。

第二节　高校新校区建设项目规划设计阶段的重点工作管理

一、加强与老校区的有机联系

为了更好地适应我国现阶段高等教育的发展形势，为了实现高等教育及高校自身的可持续发展，为了改善高等院校的教育教学、科学研究条件，目前我国的高校新校区建设项目的建设地点一般都选择在城市新区或者是远离市区中心的大学城。新校区一般距离老校区较远，两个校区之间普遍存在教育资源共享不畅、有效的沟通联系不及时等实际问题。如何协调和处理好新老校区文化资源融合、新老校区资源共享、新老校区主次关系等一系列问题，是在高校新校区建设项目规划设计阶段的可行性研究中应充分论证的。争取做到既让老校区的文化资源得以保存，又能通过资金支持提速新校区建设，使新老校区协同发挥其服务社会、繁荣文化的作用，提升高校在所在区域内的文化品牌形象。

各高校对于高校新校区建设的建设地址的选择有所不同，有些高校新老校区在同一城市但距离较远，有些高校的新老校在不同的城市，异地而建。但高校新校区建设项目的周边环境大致相同，高校新校区建设项目一般是在周围市政配套较差、缺少人文环境和文化底蕴的城市周边建立起来的。因此，在高校新校区建设项目的规划设计方案中不仅要使建筑布局壮观大气、校区内环境幽静淡雅，更要使新校区的整体规划与老校区的校园文化相互映衬。高校新校区建设项目中的规划设计方案要与老校区现状有机地联系在一起，使新校区成为老校区历史及文化的传承者。高校新校区建设项目的规划设计方案要重点体现各高校自身的历史文化和教学特色，注重延续高校老校区的人文精神和内在思想魂魄。

在此基础上，高校新校区建设项目的规划方案可以与老校区在建筑形式上进行有机联系，让师生们感觉熟悉、亲切。国内很多高等院校在新建校区时都十分重视原有校区传统建筑和校园内环境风格的继承和延续。例如沈阳建筑大学在对新校区进行规划时就把老校区的原有校门及牌匾作为了新校区的一处景观，既丰富了校园文化，又对老校区表示了怀念及尊重。东北大学在新校区建设时更是将老校区的大门组成砖石逐一编号，按原设计原构造将大门移至新校区，继续作为大门使用，使新校区在校门位置就体现了东北大学的历史感。鲁迅美术学院在建设大连校区时，将沈阳老校区的鲁迅像雕塑，按照一比一的比例整体复制搬移到了大连校区，使两个校区之间通过标志性物件，很好地联系在了一起。

规划设计人员在进行高校新校区建设项目的规划设计方案构思时，应深入了解老校区的历史人文环境及学校的办学特点，并根据这些环境及特点对新校区进行规划设计。力求通过规划设计使在新校区的师生们可以感受到老校区多姿多彩的校园文化生活和优良的历史传统文化，领略历届优秀校友的动人事迹以及老校区在各领域的高端科学研究。使新校区的在校师生在耳濡目染中得到感染和陶冶，从而增加新校区自身的文化底蕴。

在高校新校区建设项目的规划设计方案中要体现老校区的校园传统文化的继承和发扬。高校新校区建设项目的规划设计方案，除了在建筑形式上需要向老校区靠近，在精神层面也需要与老校区保持同步。将老校区的历史与新校区的未来有机地结合起来，将新校区建设成为具有浓厚历史文化氛围与强烈时代气息相结合的教育圣地。可以通过运用光纤高速信息通道等现代科技手段，实现新、老校区网络的同步联通，将相隔两地的新校区与老校区在功能上衔接起来，保证新老校区的同步性、一致性。在职教师对新老校区的衔接也起着很关键的作用，教师构建和缔造了高等院校的精神文化，教师的教学风格和个人人格魅力对高等院校的校园文化影响巨大。因此，在高校新校区建设项目的整体规划方案中应注重教师在新校区中从事教育教学工作与科研工作的整体感受。

高校新校区建设项目的规划设计方案整体配置和规划还要重视新老校区的学科划分。我国现阶段大部分高等院校的新老校区学科划分是采取以专业为界限的校区划分模式，辽宁大学、东北大学在两个校区并轨使用的情况下，采用的均是按照文理学科来划分的校区。将同一专业或相类似专业的教育体系及相关的科学研究工作作为一个整体分配到同一个校区，有利于学生之间的沟通交流、互相帮助，也有利于教师的教育教学工作，减少教师奔波于两个校区之间所耗费的精力和体力；也有利于集中开展教育科学研究工作，减少办学成本。高校新校区建设项目的规划设计方案中根据新老校区的不同专业划分，规划设计出具有专业特色的新校区。统一规划新校区的发展战略，统一制定新校区的学科建设方案，统一完善新老校区的校园建设，才能使高等院校有更长远的发展。

二、提升与周围环境的有机连接

高校在开展新校区建设项目之前所处的状态是高校新校区建设项目规划阶段方案设计的基础。高校新校区建设项目的规划设计在考虑高校自身特色的同时，又要保持和发扬自身的优势，还要将高等院校建校以来积累的学术氛围和人文气息有机地结合在一起，通过高校新校区建设项目使高校的优势进一步得到提升。高校新校区建设项目周边环境会直接影响高校的发展，所以新校区周边环境的整体规划也可以利用高校厚重的文化资源优势。以文化、创意与产业相结合的方式代替传统商业开发，逐步将新校区周边打造成具有特色的文化创意产业园，吸纳世界各地人才入驻，留住人才。

高校新校区建设项目的顺利实施对于我国社会经济的发展，对拉动国内的消费需求同样具有很大作用。高校新校区建设项目的顺利实施还可以带动高等院校所在地的周边旅游、餐饮娱乐、房地产等相关产业的发展，为扩大地方市场的整体规模，促进地方高科技和经济的发展等方面都有着巨大的贡献。高等院校的主要功能之一就是服务社会。只有融入社会，积极参与到社会经济建设的各领域之中，为地方经济建设发挥积极作用，才可以使高等院校实现这一功能。正确处理好高校新校区建设项目与周围环境的内外联系，使高校新校区建设项目与周围环境有机地结合起来，打造以高校为中心，向四周发散式的经济文化综合体。

三、提高新校区内部品质

（一）运用绿化及园林景观提升新校区环境品质

马克思说："人创造环境，环境也创造人。"优美高雅的校园对学生文化素养的提高有着潜移默化的作用，因此高校在规划高校新校区建设项目时应尽力创造一种客观的优质环境，以促进学生德、智、体、美、劳等诸多方面的全面发展。优美的校园环境也是吸引高等人才、扩大招生来源的一个重要手段。武汉大学校园里的一片樱花，成群结队的武大师生来往于校园之中，伴随着校园广播里飘出的轻音乐，师生随着轻音乐的旋律，与飘舞的樱花之间产生了一种巨大的和谐与共鸣，更平添了一份勃勃生机，给人留下非常深刻的印象。武汉大学的很多学生选择武汉大学的诸多理由中，樱花成为除了武汉大学拥有在学术上的杰出声誉以外的第二大理由。

由此可见，高校新校区建设项目的规划方案中要注重自然景观营造。努力将高校新校区建设项目建设成为通过对自然条件的合理运用创造出具有勃勃生机环境景观的生态型园林化新校区。高校新校区建设项目的规划方案中应该根据原有的地形地貌，运用和借鉴原有环境特点，对这些特点加以整合，并融入高校新校区建设项目的规划方案中，使其成为新校区生态系统的一部分。从而在改善新校区内部的环境品质的同时，也控制和减少了人工对于自然环境的破坏和消耗。目前我国高校新校区建设项目的规划方案中普遍流行人工湖或水池等有水面的设计，很多高校为了实现这一设计耗费了大量的人力物力。由于现实条件的影响，逆环境而为之，所呈现的效果也不一定达到预期的目标。我们不如因地制宜，顺环境而为，根据高校新校区建设项目所在地的地质及气候条件，规划设计出符合实际的校园景观规划。

新校区的校园景观环境会在潜移默化中对在校师生产生影响，是各高校文化底蕴的体现。宜人的校园环境不仅可以修养品格，怡情养性，调节心灵，升华心境，同时也会缓解学习工作压力，提高脑部活力，让自身情操得以升华。正如散文《荷塘月色》描写的那样，清华园荷塘月色的美丽可以使人暂时忘记忧愁，憧憬美好的生活。

校园的绿化景观用地规划是高校新校区建设项目规划方案的重要组成部分，校园的绿化与园林景观建设往往是统一调配，密不可分的。他们均是创造优美校园环境的主要手段。新校区的绿化能够使师生得到直接的感官感受及直观视觉效果。景观美化更是在校园绿化基础上的锦上添花。景观与绿化的关系既相辅相成，又存在矛盾。在高校新校区建设项目规划方案中要充分考虑和研究二者之间的总体布局与最佳综合效果，以便处理好二者之间关系。根据我国绿化部门的有关规定，高校校园的绿化覆盖率要大于校园总面积的40％，同时要满足利用树木及植被为至少30％的人行道和广场提供遮阳作用。为此，在高校新校区建设项目规划方案中，需要重视绿化的规划工作。

在我国高纬度地区建设的高校新校区建设项目中，绿化园林景观规划设计方案中可以采用如松、柏等耐寒性强冬季不落叶的植物，使处于高纬度的各高校在冬季也可以有一抹绿色景观。为了满足高校新校区的绿化要求，可以考虑在适当条件下实施建筑物整体绿化。在保证建筑物的使用功能前提下，充分利用高校新校区建设项目中建筑物的下沉庭院或露台等适宜绿化种植的建筑物周围空地和边角地带，努力找到更多的可以利用的绿色空间。新校区的绿化景观规划除了通过植树、种植花卉、铺种草皮等方式实现外，还可以通过布置水面、筑山叠石、雕塑小品等手段实现。高校新校区建设项目的室外景观规划设计，不仅要体现充满特色的校园景观，还需要结合整体规划布局，根据实际情况采取错落有致的绿化种植方案，因地制宜地设置各种景观加以搭配，组成可以满足不同功能与审美需要的校园景观。新校区校园内的道路两侧绿化景观规划均需要注重雕塑、种植草坪、树木与观景的有机结合。在绿色中求美，使景观绿化与建筑物相互映衬，让人与自然和谐共生。新校区校园内的雕塑作品，在创作时不仅要考虑其美观性，更要考虑雕塑作品的教育意义，既要充分符合高校的精神追求又要具有鲜明的时代特征；努力使雕塑作品与整体校园环境相协调，以达到丰富校园景观设计的基本需求。

依据高校新校区建设项目的总体规划，占地面积和新校区周边自然环境、气候特征、地形位置等综合特点，高校新校区建设项目的绿化园林景观规划中要充分体现前瞻性、延续性的原则。制定一个长期的科学的规划和管理目标，努力建设一个与周边环境相和谐，与周围环境融为一体并具有浓厚人文气息和历史文化氛围的美丽优雅的新校区。

（二）运用高新技术提升新校区使用品质

由于目前我国各个城市的现代化建设和高等教育发展都产生了较为先进的理念，各个高校新校区建设项目的建设标准普遍较高，高校新校区建设项目的规划设计相对应的起点也比较高，一般情况下高校新校区建设项目的规划设计会邀请国内外知名规划大师对高校新校区建设项目进行规划设计，因此高校新校区建设项目的建筑设计方案，在体现各高校特色历史文化和环境景观的同时，还体现了新校区内的现代化、数字化和智能化等技术特色。

随着现代科学技术的迅猛发展，网络技术的应用极为广泛，智能数字化的应用也有着日新月异的更新变化。高校新校区建设项目的规划设计方案中智能数字化设计的应用也越来越多。

智能数字化应用的兴起，为高校新校区建设项目的智能数字化带来了重大影响，高等院校是为国家培养高端人才的，是高精尖技术研发的摇篮，代表着我国高端技术的水平标准，所以在高校新校区建设项目中智能数字化系统的应用是不可或缺的。高校新校区建设项目中智能数字化系统的应用是否恰当合理直接对高校的科技性产生影响，进而对高校的教育教学工作与科学研究的效率产生影响。综上所述，高校新校区建设项目规划中智能数字化应用要体现在高校新校区建设项目的规划中，注重高校新校区建设项目校园规划方案与智能数字化应用的结合，形成以高校信息中心为平台的高校智能数字应用。为了保证高校新校区建设项目在投入使用时有良好的智能数字化体验，在设计高校新校区建设项目的整体规划设计方案时，就应该将智能数字化系统设计在其中。

在高校新校区建设项目的智能数字化规划中应注意防止消防自动报警系统控制室、视频监控室、网络控制室的诸多智能数字化控制室的重复设置。在高校新校区建设项目前期的整体规划设计时将各单体建筑的智能数字化系统统一规划，合理安排，合并设置，减少重复。在高校新校区建设项目中集中设置智能数字化系统的管理控制中心，在各个单体建筑中分别设置分控系统，工作人员均集中在管理控制中心工作，在减员增效的同时也方便了高校对工作人员的日常管理。高校新校区建设项目的智能数字化系统总体规划方案在设计时应采用最新技术，智能数字化系统要适应现代高校的发展需要，适合高校教书育人的需求，用长远的眼光求发展，在系统的选择方面需要运用长远规划，拒绝采用市场认可度不高或口碑不好的系统形式和产品，防止智能数字化系统在投入使用后被快速淘汰，或者在未投入使用时就已经被淘汰的情况发生。智能数字化系统运行的稳定性、可靠性也是需要考察的重点内容，各个系统最好选用统一或兼容的产品。高校新校区建设项目的校园的智能数字化系统的整体规划方案需与各个建筑单体的设计方案相配合，高校新校区建设项目的建筑面积及占地面积普遍较大，智能数字化系统有时并不能一起施工完毕，需要分成若干标段分批完成，这就需要在规划设计时统一做好规划，考虑到分期施工的连续性，管网线路要根据规划方案预埋到相应位置，在预埋时还要充分考虑管网、配线的扩容余量。尽量减少在项目建成后再进行调整的工作量，以减少整改的难度和投入的资金数量。

高校新校区建设项目融入智能数字化系统的应用是时代的标志，让高校新校区建设项目完美体现智能化、数字化是广大建设工作人员和规划设计工作人员的毕生追求。高校新校区是一种特殊的环境空间，应该结合自身特点，运用智能数字化系统等高科技手段，创造一个又一个优质的高校新校区。我国各个高等院校都有自身的优势和特点。优秀的高校新校区建设项目规划设计方案就是结合了这些特点而制定。

现阶段的课堂教学多是以多媒体教学为主，这就需要在高校新校区建设项目设计阶段中设置传统教学教室必不可少的教学设施的同时，考虑设置多媒体教学所需的设备及设施，并设置供其设备正常运转的供电系统。由于全球气候变暖的影响，夏天教室及寝室的温度很高，加之扩招人数的不断扩大，导致教室、寝室的人员数量不断增加，教室、寝室在夏天异常闷热。这就需要高校新校区建设项目设计阶段中考虑在教室及寝室加装空调通风系统。以上两个简单的例子说明在高校新校区建设项目规划设计阶段中应尽量运用先进技术和设计方案，努力提升高校新校区建设项目的现代化水平。

第三节 鲁迅美术学院新校区建设项目规划设计的相关分析

一、鲁迅美术学院新校区建设项目可行性研究的相关情况

（一）新校区建设的基本目标。鲁迅美术学院新校区建设项目的基本构想是要建成一座在中国具有地标性的建筑园区，本着"朴厚、端庄、当代、实用、温馨"的原则，把"经典、绿色、环保、低碳、宜居"的设计理念融入其中，建设成为布局合理、功能完善、融于自然、满足人文需求、具有当代设计理念、富于艺术个性、经得起时间考验的大学校园。在此基础上，鲁迅美术学院组织了国际范围内的设计招标，经过反复论证，最终确定由瑞士国际著名设计大师马里奥·博塔先生负责新校区的总体规划设计。

（二）建设内容。本项目校区内共设有各种单体建筑物 16 栋，另外还包括大门造型、公共广场穹顶、运动场和运动场看台等附属建（构）筑物。功能包括：教室、画室、教师工作室、实验室、科研平台、图书馆、行政办公、会堂、留学生公寓、餐饮中心、学生住宿、生活福利及其他附属用房、体育馆、多功能馆、美术博物馆、老干部活动中心等。

1. 综合教学楼和教学楼主要设有教室、不同大小的阶梯教室、工作室、教师办公室，以及配套的卫生间等功能房间。

1# 教学楼为四层建筑，建筑面积 9352 平方米，层高 4.2 米，总高度 17.7 米。其中，一层建筑面积 2345 平方米，二层建筑面积 2399 平方米，三层建筑面积 2303 平方米，四层建筑面积 2305 平

方米，主要设有阶梯教室、办公室、安保室，以及配套的卫生间等功能房间，阶梯教室可容纳约 140 个学生同时上课。

2♯教学楼为四层建筑，建筑面积 9369 平方米，层高 4.2 米，总高度 17.7 米。其中，一层建筑面积 2368 平方米，二层建筑面积 2395 平方米，三层建筑面积 2303 平方米，四层建筑面积 2303 平方米，主要设有阶梯教室、办公室、安保室，以及配套的卫生间等功能房间，阶梯教室可容纳约 140 个学生同时上课。

3♯综合教学楼为主体四层、局部七层建筑（教师办公室），建筑面积 32740 平方米，层高 4.2 米，总高度 17.7 米（30.3 米）。其中，一层建筑面积 9054 平方米，二层建筑面积 5390 平方米，三层建筑面积 8708 平方米，四层建筑面积 4980 平方米，五层建筑面积 752 平方米，六层建筑面积 1928 平方米，七层建筑面积 1928 平方米，主要设有阶梯教室、工作室、办公室、安保室，以及配套的卫生间等功能房间。

4♯综合教学楼为主体四层、局部七层建筑（教师办公室），建筑面积 24396 平方米，层高 4.2 米，总高度 17.7 米（30.3 米）。其中，一层建筑面积 6480 平方米，二层建筑面积 4097 平方米，三层建筑面积 6065 平方米，四层建筑面积 3146 平方米，五层建筑面积 752 平方米，六层建筑面积 1928 平方米，七层建筑面积 1928 平方米，主要设有阶梯教室、工作室、办公室、安保室，以及配套的卫生间等功能房间。

5♯综合教学楼为主体四层、局部七层建筑（教师办公室），建筑面积 24765 平方米，层高 4.2 米，总高度 17.7 米（30.3 米）。其中，一层建筑面积 6417 平方米，二层建筑面积 4091 平方米，三层建筑面积 6057 平方米，四层建筑面积 3592 平方米，五层建筑面积 752 平方米，六层建筑面积 1928 平方米，七层建筑面积 1928 平方米，主要设有阶梯教室、工作室、办公室、安保室，以及配套的卫生间等功能房间。

6♯综合教学楼为主体四层、局部七层建筑（教师办公室），建筑面积 32693 平方米，层高 4.2 米，总高度 17.7 米（30.3 米）。其中，一层建筑面积 9054 平方米，二层建筑面积 5390 平方米，三层建筑面积 8708 平方米，四层建筑面积 4980 平方米，五层建筑面积 752 平方米，六层建筑面积 1928 平方米，七层建筑面积 1928 平方米，主要设有阶梯教室、工作室、办公室、安保室，以及配套的卫生间等功能房间。

广场穹顶（中央穹顶）建筑面积 0.4 万平方米，占地面积 0.85 万平方米，钢结构屋盖采用单层网壳结构体系，径向主楣采用鱼腹式平面桁架，桁架矢高 4 米。钢结构屋盖下部支承在混凝土柱或剪力墙上。屋盖跨度为 105 米。屋面围护结构采用玻璃幕。主桁架的弦杆和腹杆采用相贯焊节点；环向桁架与主桁架采用相贯焊节点；支撑与桁架采用铰接节点，均通过连接板连接；主桁架与顶环、底环连接采用铸钢节点；支座为滑动支座，能够放松径向约束。钢结构下部支承在混凝土基座上，跨度为 105 米，钢结构上部采用玻璃幕。

2. 综合楼为四层建筑，建筑面积 27253 平方米，层高 4.2 米，总高度 17.7 米。其中，一层建筑面积 8728 平方米，二层建筑面积 2151 平方米，三层建筑面积 8848 平方米，四层建筑面积 7526 平方米，主要设有教师和学生阅览室、数字阅览室、图书检索、图书借阅等图书馆功能房间以外，还设有行政办公室、教研室、会议室，以及教工和学生的档案室等办公类功能房间，另外还设有大礼堂一个，1220 座，大礼堂设升降舞台；小礼堂一个，388 座，以及超市、咖啡厅、医疗中心等功能房间。

3. 学生宿舍楼为四层建筑，建筑面积 41112 平方米，层高 4.3 米，总高度 19.5 米。其中，一层建筑面积 8073 平方米，二层建筑面积 11026 平方米，三层建筑面积 11026 平方米，四层建筑面积

10987 平方米，主要设有四人间和六人间的宿舍，以及活动室、盥洗室、卫生间、浴室、超市等配套功能房间。

4. 餐饮中心为二层建筑，建筑面积 6887 平方米，层高 4.5 米，总高度 10.5 米。其中，一层建筑面积 5017 平方米，二层建筑面积 1870 平方米，设有教工餐厅，不同大小的学生餐厅，以及配套的厨房、卫生间等功能房间。

5. 留学生公寓为七层建筑，建筑面积 5382 平方米，层高 3.6/3.3 米，总高度 23.99 米。其中，一层建筑面积 597 平方米，二层建筑面积 705 平方米，三层~七层每层建筑面积 816 平方米，主要设有标准双人间、双人间和套间，内有自助厨房、洗衣房、接待中心等功能房间。留学生公寓餐厅为一层建筑，建筑面积 1037 平方米，层高 6.8 米，总高度 8.0 米。

6. 多功能馆为二层建筑，建筑面积 5060 平方米，层高 4.5/7.3/11.0 米，总高度 13.5 米。其中，一层建筑面积 3409 平方米，二层建筑面积 1651 平方米，设有带有伸缩座椅的多功能空间，可作为服装展、小型文艺演出、会议等多功能使用。

7. 体育馆为二层建筑，建筑面积 5170 平方米，层高 4.5/4.8/11.0 米，总高度 13.5 米。其中，一层建筑面积 3611 平方米，二层建筑面积 1559 平方米，主要设有篮球场地和看台，以及配套的更衣室、卫生间、休息厅和少量的管理办公室等功能房间。

8. 美术博物馆为四层建筑，错层布置，建筑面积 23925 平方米，层高 7.8 米，总高度 40.6 米。主要设有展厅 16 个，另外还设置艺术品库、咖啡厅、多功能厅以及配套的卫生间等功能房间。美术博物馆首先应充分满足高水准美术作品的收集和保存、专业学术研究以及高层次的美术作品陈列展览的需求，同时起到教育普及美术知识，方便文化艺术交流，推动美术事业发展的作用。另外，作为城市的文化艺术中心之一，还应该成为充满艺术氛围的城市窗口和重要的城市文化标志。

9. 主入口大门为二层建筑，建筑面积 780 平方米，层高 3.5 米，总高度 8.6 米。其中，一层～二层每层建筑面积 390 平方米，主要设有收发室、警卫室、监控室、办公室以及配套的卫生间等功能房间。

二、鲁迅美术学院新校区建设项目总体规划设计的思路

本项目为艺术类高等学校，教学区按照使用功能又可分为主校区门口、教学主体区、生活配套区等分区。

（一）主校区门口。整个校园区共设有 5 个出入口，教学区主出入口位于场地最南侧，面向城市主干道航天路，并在东、西两侧的道路上各设有两个出入口，作为辅助交通和疏散之用。

总平面根据场地情况和功能分区间的相互关系进行布置，在最南端布置主校门区，分区内主要建筑物为主入口大门。主入口大门位于场地南侧正中，临近主要道路，方便与外界的联系。主校门区设鲁迅铸铜雕像，大门镶嵌铸铜材质的毛泽东同志和江泽民同志题词。

进入主入口大门后，整个教学区由中间主干路为中轴线，由南向北依次布置生活配套区、教学主体区。

（二）生活配套区。生活配套区内主要建筑物包括学生宿舍、餐饮中心、留学生公寓及餐厅、体育馆、多功能馆、美术博物馆、老干部活动中心。学生宿舍位于分区的北侧，建筑物围合成三个半围合式的庭院，形成供学生课余休闲及交流的空间；学生宿舍南侧毗邻餐饮中心，为学生和教师用餐服务；餐饮中心东侧依次为留学生公寓、体育馆和多功能馆；多功能馆主要用于举办服装设计比赛、服装展等；体育馆是学生室内体育运动场所。另外，主干路中

轴线东侧设置室外运动场所，包括标准 400 米跑道运动场（含标准足球场）、篮球场和排球场等，体育馆与多功能馆以主干路为中线左右对称布置，外型上形成对景；美术博物馆以道路相隔，位于主入口大门左侧，以桥梁与大门连接，可作为校区的标志，并充分利用场地突出的角部空间；为老干部出入方便，老干部活动中心安排在教学区北侧的专家公寓及职工生活服务配套区。

（三）教学主体区。从生活配套区再向北，围绕公共大厅布置的是教学主体区，分区内的主要建筑物为教学楼、综合教学楼和综合楼（含图书馆和行政办公）。综合教学楼主体位于公共大厅的西侧，多栋平行布置，以便尽量多地争取较好的向南朝向，并呈发散形与公共大厅穹顶空间相连接；教学楼位于公共大厅的南侧和北侧，两座楼呈楔形与公共大厅穹顶空间相连接；综合楼（含图书馆和行政办公）位于公共大厅东侧，紧邻广场，方便人员使用；在教学主体区的东侧，规划专门绿地，为学院未来发展预留空间。

美术博物馆周围及校园东出口设有水景，美术博物馆周围水景水面面积 31200 平方米，水源为中水回用和收集雨水，美术博物馆采用桥式连廊与门区连接，美术博物馆入口桥长 175 米；校园东出口有自然湖，经清淤处理后作为荷花塘景观，水面面积约 13600 平方米，原址为于山屯养鱼塘，自然湖水拥有 70 多年的不枯竭历史，湖面设钢筋混凝土桥梁与校区道路连接，荷花塘小桥桥长 75 米。

综合教学楼与教学楼中轴线汇集至公共广场，公共广场上空以钢结构玻璃中空顶棚覆盖，形成开敞式穹顶空间，穹顶造型表面积 13000 平方米，穹顶空间搭建在综合教学楼与教学楼顶层，公共广场内设置雕塑以及其他美术作品，如马踏飞燕等，材料选用铸铜，既可作为校园区的装饰又可为学生提供作品展示的空间。

学生室外运动场设标准 400 米跑道运动场（含标准足球场）、篮球场和排球场等，运动场设置看台及雨棚，看台地下室建设设备用房 1425 平方米。

（四）景观与道路。项目在建筑物周围、道路两侧、综合楼东侧进行绿化，行道树首选胸径 30—40 厘米的银杏，绿化树种以银杏、五角枫、柞树、蒙古栎为主，项目的建筑物比较富于变化，绿化景观装饰宜相对强化，配合学院及建筑物的特点做点睛之笔，布置上避免繁琐堆砌之感。

校区道路在教学区，考虑人车分流设计，车行道路由环形及中间一条东西向横道组成的"日"字形主要道路网，连通各个场区出入口，并通过支路与各建筑物相连，中轴线上的主干路作为主要人行道路。

三、鲁迅美术学院新校区建设项目总体规划设计的分析

（一）规划设计依据充分，可操纵性强。对该工程项目规划设计进行仔细分析，发现其工程项目总体规划设计依据充分，规划合理，建筑规划可操纵性强。在建筑工程总体规划设计中，首先考虑建筑工程总体规划设计规范和设计要求，满足建筑物的基本使用功能和结构功能；满足消防、文化教育建筑设计规范、住宅设计等要求，又同时与建筑物所体现的美学功能相结合，给人一种建筑艺术的感觉，这也与鲁美学校的气息相吻合。在规划设计中，建筑工程结构布置合理，错落有致，各个功能分区明显，其功能区间既相互联系又相互区别，在满足建筑总体设计规范要求的同时，建筑物尽量布置得规范、科学。

（二）规划重点突出，用地配置较为合理。在该工程建设项目总体规划设计中，各个建筑功能分区明显，规划侧重点突出，生活区、教学区、办公区、室外活动区域等既相互独立以区别其不同的使用功能，同时又可以相互联系使各区域的建筑功能互补，共同促进校

园整体的建设。在该建设项目总体规划设计中，重点考虑了教学区、办公区建设，同时兼顾生活区及其他各个区域的建设需求，根据建筑规划设计规范要求，结合该地区地形、地质、水利条件，对工程项目总体规划做出合理的、科学的规划设计，以达到设计最优目的。

该工程建设项目总体规划设计用地配置较为合理，既满足各个功能区域的土地需求，同时还能将其他剩余的土地资源进行合理规划布置（如合理规划校园内景区建设、园林规划等），还对未来将要用到的土地进行另外规划，留以备用。在建设校园内荷塘景观时，与原址建筑相结合，充分利用了原始建筑的特殊有利条件，对其进行加工改造，建成富有新特色的校园景观。在建设过程中，由于很大程度上充分发挥了利用原址条件的优势，这不仅达到了该景观设计的预期功能，同时还能使工程建设项目成本大大降低，从而提高了其价值。

（三）结构紧凑、布局合理。在该工程项目总体规划设计中，整个工程项目考虑整体结构布局的同时最大限度地发挥了各个结构的功能。由于公共建筑功能的复杂性，在进行总体建筑规划的时候所要考虑的影响因素和侧重点不同，所以对整个工程项目进行总体的规划设计，要考虑整体的功能需求，使整个流线型的功能相互衔接，提高学习、工作、生活的效率。对鲁美新校区项目初步总体规划设计分析，该学区建筑物空间规划设计紧凑，结构选型新颖，设备布置合理，彰显该建筑形式的新特色。按布局来分析，该校区规划设计中对内开放空间较强的建筑布置在学校内部较为核心部位，远离外界喧嚣却又靠近内部交通区域。对外较强的空间布置在了学校出入口等交通枢纽附近，加强对外交流。整个教学区域功能布局主次分明，相互联系，注重教学空间的衔接和过渡。生活区与运动场、体育馆等场地既相互分隔、又彼此相互联系，杜绝吵闹的同时方便服务大家生活。

　　园林绿化不仅依靠植物本身的特点对整个校园进行美化，改善学区内的环境同时还能将各个建筑物的功能进行分区，划分空间，保证各个区间相对独立。整个校区功能分区明确，布局合理，各功能区和建筑物之间使用、联系方便，又不会互相干扰，总平面布置新颖独特。

　　建筑布局是整个学校规划设计的基础，是体现学校各个功能区域相互组合、相互连接的重要基础，最能体现一个校区整体项目方案布置形式，对建筑布局方案进行价值分析，分析建筑布局对功能区域整体的热环境和流场影响，使整个建筑布局方案达到优化，具有重要的现实意义。景观设计是学校整体规划设计中的重要部分，是连接校区各个功能分区及建筑的枢纽。对景观设计布局进行方案优化分析能提高校园整体景观功能的价值，对提高整个校园景观功能建设有重要意义。采暖通风系统是保证各个建筑功能正常实现的基础，对其进行优化能提高建筑安全、节能、环保等性能，并且能够保证一个高效的内环境基础，使整体的功能达到优化。

　　在鲁迅美术学院总体规划设计方案中，各个建筑群体互相组合，功能配套区域互补，建筑结构主次分明，共同构建了整个学校系统。在对总体规划设计方案进行优化时，按着各个建筑系统提供的功能不同将规划方案设计中的建筑群体及周围基础设施进行分类，分模块分系统地对其进行优化，这样在保证同一个功能区域整体方案设计达到最优的情况下对其内部各个单体设计逐个优化。

四、鲁迅美术学院新校区建设项目与周边环境的有机联系

　　随着经济的发展和市民生活水平的日益提高，全面繁荣文化事业、文化产业、艺术教育，提高社会文明程度，提升公共文化服务

水平，提高文化产业质量和水平，已成为"十四五"规划纲要的重要内容，如何助力辽宁的文化产业发展，同时让人民群众享有更加充实、更为丰富、更高质量的精神文化生活，也是鲁迅美术学院作为传统艺术院校的责任与担当。

鲁迅美术学院沈阳老校区历经 60 多年的发展，见证了沈阳这座城市的沧桑巨变，已深深扎根于城市之中，成为东北地区的文化地标和红色品牌，与城市居民的公共文化生活紧紧相连。建立鲁艺文创产业园，加速沈阳浑南校区建设，不仅能用更优惠的产业政策、更贴心的产业服务为文化企业搭起产学研平台，更能将"紧张、严肃、刻苦、虚心"的鲁艺精神弘扬壮大，让大众以艺术的方式接受延安鲁艺延承至今的红色文化与审美教育，并在这个过程中提升社会文化价值和社会经济价值。

（一）打造东北地区最富有特色的红色文创产业基地。鲁迅美术学院新校区坐落于辽宁省沈阳市的新市府板块，此区域是集城市商业、文化、科技于一体的新城街区，毗邻东北大学、沈阳音乐学。建议利用此地厚重的文化资源优势，以文化、创意与产业相结合的方式代替传统商业开发，逐步将新校区打造成比肩北京 798 艺术区的特色文化创意产业园，吸纳全国各地的艺术家入驻，建立功能丰富的文化区域，从根本上实现吸引人才、留住人才、发展人才的结构闭环，使东北地区的城市文化更有根基。

（二）建设爱国主义教育基地。鲁艺文创产业园规划布局中还包含一处爱国主义教育基地，计划在新校区机关办公楼后身的两个绿色广场上，放置汉白玉材质的雷锋、杨靖宇、杨根思、冼星海四位人物的雕塑，分别代表雷锋精神、抗联精神、抗美援朝精神和鲁艺精神。将四位极具代表性的英雄形象以雕塑形式呈现，并与环境融为一体，打造兼具"美育"与"爱国主义教育"功能的特色文化创意产业园区。

第四章

高校新校区建设项目设计阶段项目管理

　　高校建设项目的使用领域和使用单位的差异很大，虽然没有复杂的生产工艺和大型设备，设计也相对简单，但各部门、院系对工程产品的使用要求是不同的，对项目的人文环境、自然环境、景观设计要求较高，项目既要保证使用功能，又要确保质量，节约投资。一个现代化的高校新校区建设项目，其建筑设计要体现不同专业、院系的自身特点，景观设计要体现学校的办学理念，整体建设要与自然相结合，这样才能从总体上彰显学校办学实力，建立良好外部社会形象。一个项目，其功能设置的合理、投资水平的高低，在很大程度上取决于设计阶段的工作。而施工阶段是对设计方案的执行，这就要求在设计阶段就对方案进行充分论证和优选，尽量使所选方案经济、合理，最大化地保证学校的利益。一个好的设计方案，不仅降低了建设费用还能合理利用资源，提高使用效率。设计阶段是高校建设项目技术处理和效益管理的重要阶段，也是建设项目效益管理的最重要阶段，高校效益管理部门和技术管理部门应该密切合作，要求设计单位的设计图纸必须使建设项目的技术先进性和效益最大化相结合。

第一节　高校新校区建设项目建筑设计阶段的社会效益管理

　　高校新校区建设项目的建设性质属于社会公共基础设施。社会公共基础设施的建设初衷并不是让其具有财务上收益，而是更好地发挥其社会性、公益性所带来的社会效益。高校新校区建设项目的投资目的是为了使高等院校在校生的数量和质量能够得到提高，其毕业生为社会主义建设能够做出更多的贡献，其毕业生的能力能够得到社会各界认可，使高校在社会声誉、业界知名度、学术影响力等方面不断提升。高校新校区建设项目设计阶段的社会效益管理主要是要求设计单位所设计的方案要具有明显的时代特征，符合本校的教育教学需求。高校新校区建设项目设计阶段的社会效益管理的重点是为在校师生提供舒适适宜的教育教学、科学研究的场所，使在校师生们在优美适宜的环境中教学相长、共同进步。

第二节　高校新校区建设项目建筑设计阶段的经济效益管理

建筑设计阶段经济效益管理在高校新校区建设项目建筑设计中十分重要。高校新校区建设项目的建筑设计方案在重视技术可行性和经济合理性的同时，还需要有效控制在设计过程中的建设成本。高校新校区建设项目的建筑设计费在高校新校区建设项目整体投资中的比重并不高，但建筑设计阶段对高校新校区建设项目的建设成本控制的影响却很大，起着决定性的影响，建设设计方案中采用的建筑形式、建筑功能、建筑材料档次在施工阶段只能按照建筑设计图纸施工，所以施工阶段的成本控制相对于建筑设计阶段的成本控制并不十分重要。综上所述，对于高校新校区建设项目的建筑设计阶段经济效益管理十分重要。高校新校区建设项目的建筑设计阶段的成本控制是否成功直接影响高校新校区建设项目整体建设项目的成本控制能否达到预期标准。

高校新校区建设项目建筑设计阶段的成本控制工作主要可以从以下几个方面的工作着手进行：

一、对设计进行技术经济比较

在建筑设计单位出具建筑设计方案及图纸后，新校区建设指挥部应组织专业技术人员及建筑设计单位人员对建筑设计方案及图纸进行深入研究。在深入研究高校新校区建设项目的建筑形式、建筑功能、建筑材料档次是否符合学校要求以及新校区所在地区的自然条件和建设项目施工常规做法等方面是否符合学校现状后，新校区建设指挥部会同其委托的造价咨询机构对建设设计单位所完成的建设设计方案及图纸进行全面的技术经济分析和比较。通过对建筑设计方案及图纸的多次循环分析和优化，使最终形成的建筑设计方案及图纸在满足学校要求的同时，技术经济也相对合理。

高校新校区建设项目的建筑设计不仅需要在建筑功能上有很好的体验感，还需在设计方案及图纸中体现技术经济的合理性。

高校新校区建设项目的建筑设计中的建筑布局在满足规范要求基础上，要适当提高单体建筑物的使用系数。门厅、走廊等共用部分的面积要适当控制，尽量减少为了追求视觉美观而设计的宽大门厅及走廊，尽最大可能保证建筑物的有效使用面积，以保证高校新校区建设项目建筑设计的技术经济合理性。

目前，随着建筑设计中轻奢风格的流行，为了体现高校新校区建设项目的综合设计水平，我国的设计单位对高校新校区建设项目的建筑设计中的装饰装修设计方案中，普遍采用较高档的装饰构件及建筑材料。有些高校在建筑设计方案选择时，只注重外观效果，从而忽略了建筑物的使用功能及技术经济的合理性。高校新校区建设项目的建筑设计应在保证建筑物使用功能的科学适用性和节能环保性的基础上，既考虑建筑物外观协调统一，经久耐看，又考虑技术经济的合理性。新校区建设指挥部应与设计单位加强沟通，将高校新校区建设项目所需要的建筑功能形式、建筑材料档次及成本控制目标及时提供给建筑设计单位，使建筑设计单位及时了解并将这些需求尽最大努力在图纸中予以体现。建设设计单位在高校新校区建设项目建设设计方案中，在满足单体建筑物使用功能的基础上，尽量采用经济合理的装饰构件及建筑材料替代高档装饰构件及建筑材料，以便有效控制建设成本。

二、适当采用通用设计

高校新校区建设项目的单体建筑物一般较多，为了节省建设周期，高校新校区的建设项目的建筑设计周期一般不会太长，所以为了按时完成建筑设计任务，建筑设计单位一般会在高校新校区建设项目的建筑设计中大量采用通用的设计图集来进行设计。教学楼、学生宿舍、学生食堂、办公楼等属于高校新校区建设项目的核心建设内容。这类建筑通用性强、结构简单，比较适合运用通用设计。此类建筑物使用通用设计，不仅可以有效地减少设计周期，减少建筑设计中设计成本和人力物力的投入，还可以有例遵循，吸取已完工程在建设过程中的经验教训，更好地节约建设成本，从而达到提升经济效益的目的。适当运用合理的通用设计不仅可以在很短的时间内完成满足高校新校区建设项目需求的设计方案及图纸，还可以为高校新校区建设项目节约建设成本和时间成本。

但是有些建筑设计人员在没有具体了解高校新校区建设项目的具体需求的情况下，不加选择，没有节制的使用通用设计，将原设计完成类似建设项目的设计图纸直接套用，使其成为新的建筑设计图纸，从而造成了高校新校区建设项目的感官类型较为一致。各高校设置雄伟高大的校门，校门之后就是中轴线，中轴线的末端一般设立的是图书馆，教学楼一般用长廊串连起来，按照使用功能的不同，一般高校新校区建设项目的校园被划分开来。这种通用设计的使用遵循了传统的平面构图，但是却缺乏体现环境景观与高校自身特色的能力。没有经过实际考察的通用设计不仅不能满足学校的要求，还有可能因为在施工过程中需要修改从而影响高校新校区建设项目的整体进度安排和成本造价。

建筑设计人员在进行高校新校区建设项目建筑设计时，还应该加强建筑材料方面的把控与考察。尽量在不同单体建筑同一工序中使用同一类材料，这样可以方便日后招标工作及材料管理工作的开展。高校新校区建设项目建筑设计中选用的材料尽可能选择市场占有率较高或口碑较好的材料，这样可以防止在采购过程中遇到建筑材料已经不生产或不销售的情况发生。一旦发生这种情况，新校区建设指挥部只能采取设计变更的形式加以弥补。这样会在影响项目整体进度的同时，增加很多建设成本。

综上所述，新校区建设指挥部必须要求建筑设计单位在充分考虑高校新校区建设项目的实际情况和建筑材料市场变化趋势的前提下，酌情使用通用设计。

三、避免由于保守设计导致的成本增加

由于高校新校区建设项目是为师生服务的，所以建筑设计单位普遍比较重视建筑物的结构安全系数方面的设计，往往会在安全系数的标准值的基础上进行加大，这样会导致建设成本急剧增加，从而造成不必要的浪费。在高校新校区建设项目的建筑设计过程中，建筑设计单位应重视高校新校区建设项目所在地区政府部门发布的建筑物每平方米建筑面积工程量指数及每平方米建筑面积造价指数

与其所设计的建筑物中的建筑物每平方米建筑面积工程量指数及每平方米建筑面积造价指数的对比，发现问题及时纠偏，及时优化设计，以减少不必要的浪费。

新校区建设指挥部应与建筑设计单位一起努力避免高校新校区建设项目建筑设计中因设计保守而导致的建设成本的增加。在保证建筑设计质量的前提下，有效控制建设成本，使学校的有限资金得到有效的利用，避免不必要的浪费。

四、重视消耗性能源的设计

由于高校的人口密集属性，导致高校内部水、电、气等消耗性能源的消耗量较大。随着全球对消耗性资源的节约与保护，创建节约型校园的理念已经在现阶段的高校新校区建设项目中有所体现。创建节约型校园，除了在使用阶段注重节约意识，更重要的是在建筑设计中广泛采用节能设施并且重视水、电、气的计量设计。

在高校新校区建设项目的建筑设计中，对于教室、学生公寓这类电能、水能消耗较大的建筑物，可以广泛采用节能灯具、节水设备，可以有效地节约水电的消耗；在建筑物的外立面及屋顶部位使用墙体保温材料，可以有效减少热流失，从而降低保温保冷等空调设备的耗电量。对于学生浴池可以采用"校园一卡通"的方式，在每个淋浴蓬头下设置刷卡用水的设备，让每个人用水都考虑到节约，为创建节约型校园建立良好的行为基础。在供水供电方面，可以尽量采用太阳能等清洁环保能源，大大减少电能的消耗。

由于现阶段大多数高校新校区建设项目的绿化面积和水域面积较大，导致各个高校每年在这方面的水费花销较大。为了节约这部分的资金，高校新校区建设项目的建筑设计可以设置中水回收处理站和绿化景观用水单独铺设管道等新工艺和新方法。冲淋洗衣等废水经过处理后得到的再生水用于绿化灌溉、水域用水、冲厕等非饮用用水，节水效益十分明显。经考察，现阶段若在高校新校区建设项目建设一座中水回收处理站，共需要资金三百余万元，每个处理站每天可节约水一千余吨，按照政府出具的信息价格，水费按四元每吨计算，每天可节省水费四千余元，每年节省水费一百余万元。由此可得，三年左右的时间即可收回中水回收处理站的投资资金。

高校新校区建设项目的建筑设计中应处处体现节约能源和资源综合利用的理念，将经济效益理念与图纸设计理念相结合。为建设好高校新校区建设项目保驾护航。

五、实时监控建筑设计概算

在高校新校区建设项目的建筑设计阶段实施时，各高校就应该聘请专业的造价咨询机构对建筑设计方案进行设计概算控制，让高校新校区建设项目从建筑设计阶段就对设计概算进行控制。高校新校区建设项目的建筑设计过程中，新校区建设指挥部应及时跟踪并严格审查建筑设计单位的设计概算，避免建筑设计单位为了追求设计的创新性而忽略建设成本的控制。在建设资金比较紧张的情况下，新校区建设指挥部可以要求建筑设计院对高校新校区建设项目进行限额设计。

第三节　高校新校区建设项目建筑设计阶段的质量管理

建筑设计阶段质量是高校新校区建设项目质量优劣的基础，建筑设计阶段的建筑设计质量管理直接影响着高校新校区建设项目实施阶段的工程质量管理，从而直接影响高校新校区建设项目的整体质量管理情况。所以设计阶段质量的控制是高校新校区建设项目管理的关键。做好高校新校区建设项目设计阶段质量管理工作须做到以下几点：

一、做好前期准备工作

（一）预留出足够的设计周期

由于高校新校区建设项目普遍存在建设计划性不强的特点，所以未能为设计单位预留出足够的设计时间，建筑设计单位为了保证不在建筑设计方面耽误工期，需要在很短的时间内完成建筑设计，从而造成建筑设计图纸的设计深度不足以满足施工要求。在这种情况下，很难保证建筑设计图纸质量。在高校新校区建设项目的实施过程中，由于建筑设计图纸质量达不到施工要求，所以经常出现设计变更的情况，从而增加了高校新校区建设项目的建设周期和建设成本。设计图纸的设计深度不能满足施工要求，还会导致招标时招标文件中的招标清单暂估价项目过多，进而导致在施工过程中需要大量的二次设计，在增加了高校新校区建设项目管理的工作量的同时，还会造成不必要的资金浪费。

新校区建设指挥部在编制高校新校区建设项目的建设计划时，应给建筑设计单位留出足够的设计时间，保证建筑设计所需周期。在条件允许的情况下，要适当给设计单位留出调研时间，以保证设计方案的质量和深度符合要求。防止由于高校新校区建设项目的特殊性导致的建筑设计周期紧张，从而对建筑设计质量产生不良影响。

在实际操作中，为了缩短高校新校区建设项目的整体建设计划，让高校新校区建设项目用最少的时间完工，不得不将原计划的建筑设计周期缩短，导致设计单位因为设计周期缩短，并因建筑设计的原因造成一系列质量安全事故，此类质量安全事故一旦发生，高校新校区建设项目的整体建设进程会受到很大的影响，建设设计单位往往承担着不可推卸的责任，即便建筑设计单位及时出具整改方案、设计变更，但事故所耗费的人力财力物力，将直接影响高校的经济利益和声誉。

根据高校新校区建设项目的整体进度计划及政府相关部门出具的文件中规定的设计周期，高校新校区建设指挥部应与建筑设计单位共同协调确定合理的满足设计要求的设计周期，杜绝边设计边施工的现象发生。边设计边施工可能导致在施工阶段不断发生设计变更，这样不仅不能使建设项目按期完工，还会给高校新校区建设项目管理中的质量控制和成本控制带来非常多的困难。

高校新校区指挥部要做好与建筑设计单位的沟通协调工作，在时间周期允许的情况下应与建筑设计单位仔细研读高校新校区建设项目的整体规划设计。并将重点节点及特殊要求向建筑设计单位详尽说明，使建筑设计单位充分了解并按要求进行建筑设计。

（二）高校保证所提供资料的质量

新校区建设指挥部向设计单位提供的《地质勘察报告》的质量要得到保证，内容要尽量全面，防止建筑设计单位的设计方案因为《地质勘察报告》的质量不达标而造成设计失误，从而增加不必要的设计变更。

建筑设计单位要对新校区建设指挥部提供的关于高校新校区建设项目的总体规划设计、可行性研究报告、勘察报告等前期资料进行详尽细致的查阅并且对其进行认真细致、综合全面的技术分析和研究，保证建筑设计图纸中的基础工程设计与实际地质情况相符合。新校区建设指挥部组织高校相关使用与职能部门对高校新校区建设项目的总体规划设计、可行性研究报告及地质勘察报告等建筑设计所需要的基础性资料进行会议审核，以确保此类资料为最终定稿，不会再次调整后，再向建筑设计单位提供。这样可以有效地减少设计变更的发生。

（三）高校要重视建筑设计单位实力水平的考察

新校区建设指挥部在选择建筑设计单位时，要结合高校新校区建设项目的自身实际情况、项目特点和技术要求，按照国家相关部门有关文件的规定选择符合高校新校区建设项目规模需求的、具有相应资质等级的设计单位来进行高校新校区建设项目的建筑设计。建筑设计单位的综合实力和能力，对建筑设计方案及图纸的质量有着决定性的影响，所以要特别注重建筑设计单位的资质和实力。在高校新校区建设项目的建筑设计招标时，由于建设资金有限，为了节约资金，有些高校在招标文件中经常设置低价中标的条款，这就导致综合实力强的大型设计院由于经营成本较高，不得不放弃投标；而实力较弱的小型设计院由于经营成本较低，可以大幅让利，这样就难以保证建筑设计方案及图纸的质量。所以为了保证高校新校区建设项目的建筑设计方案及图纸的质量，还需要保证设计费用的标准化。高校新校区建设项目的设计费用应在国家相关部门发布的收费标准的基础上上下浮动。坚决避免为了节约建设成本而选择收费和实力较低的建筑设计单位的情况发生。

新校区建设指挥部应在招标时就对高校新校区建设项目的建筑设计项目组的成员构成有所要求。目前对建筑设计项目组成员的基本要求应具有一定的设计经验和专业技术水平、综合素质较强，建设设计项目组的人员架构应该清晰，建筑设计中涉及的各个专业配备齐全，建筑设计项目组的组长及技术负责人应具有相应的国家认可的专业技术职称和执业资格证书。

（四）建筑设计单位做好实地调查工作

建筑设计单位还需要对高校新校区建设项目的实际地形地貌进行实地考察，深入了解高校新校区建设项目的实际地形地貌，根据高校新校区建设项目的实际地形地貌情况做出符合规范要求的建筑设计方案。建筑设计单位在进行高校新校区建设项目设计时，需要对高校新校区建设项目进行全面的分析和综合考虑，尽量避免出现设计漏项的现象。建筑设计单位要充分掌握高校新校区建设项目的各个节点边界，了解各个边界的建筑材料材质，在图纸上尽力体现出不同材质的建筑材料相互连接的节点大样，为日后的施工阶段提供依据。

建筑设计单位对高校新校区建设项目进行设计时，还需要深入了解市场的实时变化情况，避免在设计图纸中出现市场上已经停止生产或已经被淘汰的建筑材料。由此造成的设计变更会给高校新校区建设项目的管理工作造成影响。

二、重视审核环节把控

（一）建筑设计单位对设计方案的审核管理

对于建筑设计单位初步完成的高校新校区建设项目的设计方案及图纸，建筑设计单位首先应该进行内部的校审工作，这就需要建筑设计单位的内部管理程序相对规范和严谨，建筑设计单位重视内部的校审程序的制定与执行。对初步完成的设计图纸进行专业且规范的校审工作，防止建筑设计图纸存在较多的问题，给高校新校区建设项目的后续阶段造成不可挽回的影响。高校新校区建设项目设计阶段的质量要求需要遵循"尊重规划、方案优化、适合教学、方便师生"的理念，在保证安全、适用的前提下，保证高校新校区建设项目建设设计的经济和美观。

（二）高校对设计方案的审核管理

建筑设计方案应由新校区建设指挥部及时组织学校相关使用部门针对方案进行开会讨论，提出合理的建议和意见，并对提出的建议和意见进行必要的修改，防止在后续各个阶段中出现大量不必要的设计变更。高校新校区建设项目的建设主要是为了更好地服务于师生，所以在建筑设计阶段要坚决杜绝为了追求形式上的美观而忽视了使用功能上的需求，防止在项目整体投入使用之后再对其进行使用功能的改造，从而造成大量资金的浪费。

新校区指挥部在将建筑设计图纸及文件等设计成果报送到高校新校区建设项目所在地的政府行政主管部门审查之前，应聘请具有较高经济技术水平、良好职业道德、类似工程经验丰富的专业技术专家与新校区建设指挥的工作人员一起对高校新校区建设项目的设计成果文件进行详细的审核。重点审核建筑设计单位编制的设计任务书。设计任务书要达到详细可行的程度，需要建筑设计单位开展广泛的调查研究，并适当借鉴参考同类院校的类似建筑设计，结合高校新校区建设项目的实际情况，去粗取精，去伪存真，由此及彼，由表及里，注重建设项目的适用性和经济性。新校区建设指挥部根据修改过并经会议审核通过的设计任务书，在高校新校区建设项目的建筑设计阶段中对建筑设计成果文件和建筑设计整体进度进行全过程的跟踪与检查。

三、加强高校与建筑设计单位的沟通与监督

在整个建筑设计的过程中，建筑设计单位内部需要紧密联系，防止由于建筑设计单位内部沟通不顺畅、不到位造成的各专业之间的设计不协调。确保土建专业设计与安装专业设计的节点相协调、装饰装修专业设计与土建专业设计的节点相协调，减少设计文件中的错误、漏项、缺项的情况。

在建筑设计图纸的设计过程中，新校区建设指挥部需要对设计单位参与设计的工作人员进行不定时的监督和检查，监督和检查的

重点在于：实际参与设计的工作人员的人员架构需要与招投标文件和合同规定内容相一致；实际参与设计的项目负责人、技术负责人需要与招投标文件和合同的规定相一致；建筑设计单位出具的建设设计图纸概算需要与招投标文件和合同的规定相一致；若出现超出或节约概算的情况，应按照招投标文件和合同中规定概算控制的奖罚制度对其进行奖惩；建筑设计单位出具的建设设计图纸的质量需要与招投标文件和合同规定的建筑设计图纸的质量相一致；若出现不符合或超出招投标文件和合同规定的建筑设计图纸的质量的情况，应按照在招投标文件和合同中规定的建筑设计质量控制的奖罚制度对其进行奖惩，必要时需要追究建筑设计单位因为设计质量的原因而造成的相关经济责任或法律责任。

建筑设计单位在向新校区建设指挥部提交纸质版和电子版设计图纸及文件时需要严格按照招投标文件和合同的规定执行建筑设计图纸的移交和签收手续，新校区建设指挥部需要将设计图纸及文件作为重要的建设资料妥善保管，并及时存档。

综上所述，高校新校区建设项目设计阶段的管理需要具有规范性、科学性和合理性等特点，新校区建设指挥部需要不断加强高校新校区建设项目的设计阶段管理。为保证高校新校区建设项目的质量控制、成本控制和进度控制打下良好且坚实的基础。

第四节　鲁迅美术学院新校区建设项目的设计任务书

Work Distribution and Terms of Reference
设计分工及设计任务书

1. Terms of Reference 参考条目

2. Design Phase 设计阶段

Master Plan Design（MD）总体规划设计阶段

Schematic Design（SD）方案阶段

Design Development（DD）扩初阶区

Construction Design（CD）施工图设计阶段

Construction Coordination（CC）施工配合阶段

3. Project Consulting Group Members 项目设计顾问团队主要成员：

Foreign Design Consulting Group（being Party B）外方建设设计顾问（即乙方）

Chinese Design Groups（Chinese Architecture Design Consulting Group，Chinese Structure and MEP Design Group），Other Design Subcontractors 国内设计院（中方建筑设计顾问、中方结构、机电设计团队和各专业分包设计团队）

4. Domestic of the Design 设计分工

Foreign Design Consulting Groups complete the Concept Design dominantly in the early phase；complete the facade design and accomplish interior schematic design in the lately phase；work as the consultant of the owner and auditing the detailed design of main subcontractors，in consequence of realization of the design concept.

Foreign Design Consulting Groups shall modify or revise the design products in accordance with Chinese Design Group's reasonable requirements，and this revision or modifications shall not request any additional service fee.

外方建筑设计顾问在设计前期主导设计概念，在设计后期进行有关项目外立面，完成室内装饰方案设计；同时协助业主进行施工阶段的顾问服务和对主要承包商的深化设计内容进行审核，确保设计意图的实现。

外方建筑设计顾问应根据国内设计院合规合法的要求对设计成果进行相应修改，修改工作不应增加设计费。

Chinese Design Group：

Accomplish all the general design（architecture，structure and MEP）except the works of foreign design groups，design management of individual subcontracts of all specialties，to realize the design concept，to ensure consistency between main contract design and subcontract or design.

国内设计院：

完成除外方建筑设计顾问工作范围外的所有常规建筑、结构、机电等设计工作，并对各专业分包实施管理协调和设计控制，确保设计意图的实现和各项专业分包设计之间以及与主合同设计之间的统一和完整。

第五章

高校新校区建设项目招标阶段项目管理

第一节　高校新校区建设项目招标阶段的招标方案管理

招标方案是高校新校区建设项目招标阶段管理工作的总体规划，是高校新校区建设项目招标阶段管理工作的必要基础和主要依据。新校区建设指挥部在进行高校新校区建设项目招标阶段的工作之前，要对高校新校区建设项目的总体规划方案进行完善，确保高校新校区建设项目的总体规划方案不会再行更改，避免在招标阶段工作完成后建设项目的总体规划方案突然发生变化，导致招标的工作内容与实际需求的工作内容不相适用，造成建设周期的延长及建设成本的浪费。招标代理公司及新校区建设指挥部应该对高校新校区建设项目现场的实际情况进行实地考察，并对高校新校区建设项目进行全方位的深入了解，使招标方案规定的全部内容与高校新校区建设项目的现场实际情况相一致。新校区建设指挥部在制定高校新校区建设项目招标方案时，要充分了解并仔细查阅相关政府部门出具的招投标方面的法律法规和规章制度，确保在招标方案中编制的各项条款与现行的法律法规和规章制度相适用，以保证在合同签订时可以按招标文件中规定的全部款项签订执行。

第二节　高校新校区建设项目招标阶段的
招标文件管理

一、招标文件基本内容

招标文件是招标人向想参与投标的投标人发出的文件，对招投标活动的各个参与方均具有法律上的约束力。招标文件作为招标项目的总领性纲领，是开展项目招标投标活动和项目实施的主要依据。招标文件中应载明招标项目的需求、评分办法和合同条款等与招标活动相关的信息等，参与投标的投标单位所需要了解的项目基本情况。由此可知，招标文件编制质量的优劣和编著深度的深浅，对招标工作的成功与否有着决定性的影响。招标项目的性质和规模决定着招标文件的具体内容。招标文件必须有如下内容：

招标公告。招标公告是招标人向有意向投标的投标人介绍招标项目的基本概况、具体时间和程序上的安排以及对投标人的资质水平的要求等与招标活动相关的具体内容。

投标人须知。投标人须知主要是对招标公告的补充与完善。投标人须知需要载明拟招标项目的招标范围和招标规模，以及在招标过程中遇到问题时的处理方案等要求。

评标办法。确定不同的评标方式，并依据规章制度制定评标办法。重点在于说明评标项目及各项目的分值情况。

合同主要条款。招标文件所列出的合同条款，必须作为日后招标人与中标人所签订合同的合同条款，不得进行更改或删减。

投标文件格式。投标人需要按照招标文件中的投标文件格式进行投标文件的制作，可以根据需要适当加入投标人认为需要添加的内容，但不得删除招标文件中所提供的投标文件格式的内容。

设计图纸。若招标项目根据图纸才能完成招标工作，则在招标文件中就需要将设计图纸作为招标文件的一部分，招标图纸应为审核通过并修改完成的最终版本图纸，需要与项目实施所用图纸保持一致。

工程量清单。招标项目若采用工程量清单形式招标，则需要在招标文件中提供工程量清单。招标文件中的工程量清单应由具有国家承认的具有执业资格的专业技术人员编制，以保证工程量清单的权威性和准确性。

技术条款。根据招标项目的具体实际情况，制定符合行业规范的、便于执行的技术条款。

投标辅助资料。投标人需要按照招标文件中要求提供的投标辅助材料进行投标文件的制作，可以根据需要适当加入投标人认为需要添加的内容，但不得删除招标文件中所提供的投标文件格式的内容。

二、招标文件的完善方向

为了更好地执行招标计划，顺利完成招标任务，招标文件的编制工作还需要在以下几个方面加以重视：

（一）认真研究招标图纸

招标文件中的设计图纸是编制工程量清单及控制价的依据，设计图纸质量是否达标将直接影响到后期招标项目的质量及成本控制是否到位。在开标前，新校区建设指挥部或者招标代理公司可以组织专业技术人员对图纸进行会审，及时发现并解决设计图纸中的错误、漏项等问题，以达到尽量减少在项目实施阶段设计变更的发生。另外，新校区建设指挥部或者招标代理公司在必要时还可以组织相关人员对招标项目设计图纸中所涉及的材料、设备、工艺等方面的各品牌的优势、价格、质量进行市场调查，结合招标项目的实际情况做出明确的选择，确保设计图纸符合招标项目的需求。

（二）有针对性地制定招标条款

招标文件中各个条款的制定均会对投标价格产生直接的影响，所以在制定招标文件的各项技术标准和投标条件时，新校区建设指挥部的工作人员要会同招标代理公司收集、积累、整理与拟招标项目类似项目的招标文件，取其精华，去其糟粕，吸取经验，有针对性地编写影响投标报价的各个条款，完善招标文件。在招标文件中要拟定防止投标单位发生围标、串标等行为的发生，以及防止中标单位层层违法转包、分包的具体条款。为了有效防止投标单位以低于成本的价格来骗取中标的这种恶性竞争的发生，新校区建设指挥部会同招标代理公司在招标文件中应要求投标单位按清单规定进行投标报价。应把投标报价作为评标办法中的评分项目之一，但投标报价所占的分值应根据招标项目的实际情况进行调整。对于由于发生设计变更和工程签证所导致的索赔程序及约定，在招标文件中也要做出明确的规定。从高校新校区建设项目的招标阶段就开展保障工程质量和控制建设成本的工作。

第三节 高校新校区建设项目招标阶段的工程量清单及控制价格管理

在招标活动中，各新校区建设指挥部可以适时采用工程量清单模式开展招标活动，工程量清单模式下开展的招标活动可以有效地控制投资，促进投标单位充分竞争。工程量清单模式下开展的招标活动是在统一给定的工程量的条件下，由各投标单位根据自身企业的实际情况、综合实力、近期市场情况及对各类费用充分考虑的基础上，对招标项目进行报价的一种统一标准与平台的招标模式，体现投标单位作为招标活动的竞争主体，成为招标活动真正的定价人。与工程量清单对应的招标控制价可以帮助招标单位有效地控制工程造价。工程量清单模式下开展的招标活动可以有效控制项目质量和工期要求。投标单位可以需要根据本单位的自有定额，根据自身实际情况确定招标项目拟投入的人工、材料、机械等要素的数量及层级配置，设计最优实施组合，使之发挥最大作用，在项目实施过程中有效控制实施费用和技术费用，可以更好地根据招标文件要求做好招标项目的质量和工期控制工作。在传统定额计价模式下进行的招标活动中，投标单位一般会运用较低报价的策略获取中标资格，在项目实施过程中，中标单位会采用设计变更或工程签证等方式，对项目的费用进行调整，形成较高的索赔价格。工程量清单模式为项目实施过程中发生的设计变更或工程签证提供了合理的依据。由于工程量清单中的综合单价在一定范围内不因招标项目数量的变化、市场价格变化而变化，即使招标项目的数量变化及市场价格变化超过了规定的范围，综合单价的变化方式也会在合同中有所约定，这样可以有效地避免中标单位的不合理索赔。

招标文件的核心内容是工程量清单的编制，工程量清单编制的水平高低与准确程度对招标结果是否能达到预期效果和中标价格的高低有很大的影响。工程量清单与招标控制价直接决定高校新校区建设项目建设成本的高低，与高校的经济利益和未来发展有着十分紧密的联系。新校区建设指挥部可以聘请具有一定资质条件的造价咨询服务机构对拟招标的高校新校区建设项目进行工程量清单及招标控制价的编制，以保证工程量清单的编制水平及准确程度。在高校新校区建设项目的工程量清单的编制过程中，应有效防止因建设周期紧张，而无根据地缩短正常范围内的工程量清单编制时间，致使造价咨询服务公司没有充足的时间进行工程量清单的编制，从而导致工程量清单中的项目特征描述与设计图纸不一致、工程量不正确、出现漏项等现象的发生。

新校区建设指挥部提供给造价咨询服务公司的用于编制工程量清单的设计图纸设计深度要够，避免设计图纸中各专业之间出现矛盾。造价咨询服务公司的专业技术人员的专业技术水平要得到保证，这样也有利于保证高校新校区建设项目招标阶段工程量清单编制的质量。

高校新校区建设项目招标阶段应该充分重视工程量清单的审核工作，新校区建设指挥部应将审核工程量清单的工作任务明确落实到其下属部门，由其下属部门与招标代理公司共同制定出一套完整的审核流程，为加强工程量清单的审核工作而努力。完善工程量清单审核工作的程序和审批手续，避免出现因工程量清单的缺项造成的投标单位低于成本价中标，在项目后期结算过程中出现较多签证，导致结算价大大高出中标价，使高校的经济利益受到损失。

在实际操作中，若新校区建设指挥部及其下属部门因为人员及水平的限制，不能完成对造价咨询服务机构出具的工程量清单和招标控制价的审核工作，则可以聘请另外一家造价咨询服务机构对前一家造价咨询服务机构出具的工程量清单和招标控制价进行审核，并出具审核报告。新校区建设指挥部根据审核报告和实际情况分析整理，再对招标项目的工程量清单和招标控制价出现的问题进行修改，确保招标项目的工程量清单和招标控制价的准确性。

高校新校区建设项目招标阶段对于招标控制价的确定要合理。高校新校区建设项目在招标阶段对于招标项目招标控制价的确定，一般都是在参考项目所在地区政府相关部门出具的项目定额价格及材料信息价格的基础上，结合项目实施阶段的市场实际情况而确定的。招标控制价制定得合理与否，对招标活动的成败有着直接的影响。为了合理确定高校新校区建设项目的招标控制价，新校区建设指挥部需要不断改进和完善高校新校区建设项目的招投标制度。各高校的领导班子也要足够重视高校新校区建设项目的招标控制价，总结以往经验，制定出科学合理的招标控制价。

第四节　高校新校区建设项目招标阶段的招标程序管理

21 世纪初，我国第一部招标投标法得以出台。招标投标法经过二十几年的不断实践与修订，我国的建设项目招投标管理工作也日益完善。根据各级政府的相关法律法规，高校属于国有事业单位，所以在高校新校区建设项目中的各个环节，招标投标的管理工作均须贯穿其中，高校新校区建设项目招标阶段的管理工作也随之加强。

根据《中华人民共和国招标投标法》的规定，建设项目的招标方式为公开招标和邀请招标两种。高校新校区建设项目属于"大型基础设施、公用事业等关系社会公共利益、公众安全的项目""全部或者部分使用国有资金投资或者国家融资的项目"，所以除招标投标法的特殊规定外，高校新校区建设项目所涉及的全部招标项目均应采用公开招标的方式进行招标。

根据《中华人民共和国招标投标法》的规定，建设项目的招标组织形式为：招标人自行招标和委托招标代理机构进行招标两种组织形式。由于高校的主要工作任务及技术专长为教育教学和科研工作，除专业院校外（例如建筑类专业院校），一般高校缺乏招投标工作方面的专业技术人才，也不具备自行招标的能力和资格。所以高校新校区建设项目的招标工作的组织形式一般采用委托招标代理机构进行招标的招标组织形式。高校新校区建设项目招标阶段的管理，新校区建设指挥部应专门成立相应部门负责招标工作，与招标代理公司对接，配合招标代理公司组织有实践经验的专业齐全的技术专家组，一起开展高校新校区建设项目的招标工作，对招标工作进行全过程、全方位的管理控制。

由于高校新校区建设项目涉及的专业较多，所以高校新校区建设项目的参建单位也比较多（高校新校区建设项目的参建单位包括但不限于如下：工程咨询服务单位、造价咨询服务单位、招标代理单位、建筑工程勘察单位、建筑工程设计单位、建筑工程监理单位、建筑工程施工单位、第三方质量检测单位等），高校新校区建设项目招标阶段的管理工作也随之较多。归纳总结来看，高校新校区建设项目招标阶段招标投标工作主要包括材料设备采购类、施工类和服务类三个类型。新校区建设指挥要根据相关政府部门的法律法规、规章制度和高校新校区建设项目自身的技术标准和技术要求编制高校新校区建设项目的各类招标文件。

根据《中华人民共和国招标投标法》的规定，建设项目的资格审查有资格预审和资格后审两种方式。高校新校区建设项目相比较而言，一般具有付款及时、尊重合同、资金链相对稳定等优点，作为投标单位一般比较愿意参与到此类项目的建设中来。基于以上特点，高校新校区建设项目招投标活动一般会吸引较多投标单位参与投标，采用资格预审的资格审查方式可以先行有效地在众多投标单位中选取一部分较为优秀的投标单位进入下一轮投标活动，从而节约招标时间，节省建设成本。为了保证参建单位的管理水平，确保高校新校区建设项目的工程质量，有效控制工程成本，并执行相关法律法规要求，高校新校区建设项目一般采取工程招标的模式，使各个投标人进行公正、公平、公开的竞争。新校区建设指挥部与委托招标代理单位可以共同在招标文件中对投标单位的资质等级、实力与业绩、相关生产技术等情况有所要求，并作为门槛条件，对于不符合招标文件要求的投标单位，可拒绝其投标。严格审核投标人的基本情况、财务状况、与高校新校区建设项目有关的信息等。合理运用资格预审策略，有效控制投标人数量。

招标中，招标代理公司应组织相关专业的专家组建评标委员会。对组成评标委员会的专业技术人员的数量和专业进行合理化、合规化安排。选择时需要考虑其权威性以及合法性。按照高校新校区建设项目各类招标文件的要求，对投标单位的投标文件进行认真评审，评审中要综合考虑资质情况、资金实力、报价合理性、具有保证工程质量及工期的有效措施、以往类似工程的工作业绩和管理水平、社会声誉及信誉、派驻高校新校区建设项目团队的业绩及水平、施工组织设计的可行性与科学性、对安全文明施工的措施方案的编制水平，有需要时可让拟任用的项目经理匿名答辩。应该防止在高校新校区建设项目招标阶段出现低价中标的现象产生。高校新校区建设项目招标活动应坚持合理低价中标原则。合理低价中标原则是符合正常建筑市场所需成本的合理低价。这是控制高校新校区建设项目质量、进度、成本的有力保障。然后由评标委员会通过投票确定综合排名前三名的中标候选人。严格按照国家规定的招投标程序选出符合高校新校区建设项目所需要的并且合适的参建单位，确保高校新校区建设项目符合各个方面的要求。新校区建设指挥部通过招标投标工作，选择优秀的适合本项目的参建单位，这对高校新校区建设项目的成本控制、质量控制、进度控制都有举足轻重的作用。通过招标投标活动寻找到适合本项目的参建单位是高校新校区建设项目顺利完工的有力保障和必要条件。

虽然我国招投标的相关法律法规不断完善变化，但是我国高校新校区建设项目的招标阶段管理工作还存在着招标投标管理制度不完善等问题。新校区建设指挥部会同招标代理机构在确保招标投标工作公开、公平、公正的同时，还需要在招标投标阶段管理工作中不断完善招标投标的管理制度，杜绝暗箱操作，使各投标单位充分竞争，使高校可以优中取优、博采众长，选出合适的合作单位。

在招标工作完成后，新校区建设指挥部应该对中标的参建单位进行全过程的跟踪管理，时刻了解参建单位的实时情况，把控参建单位的各类变化，防止因参建单位自身原因造成对高校新校区建设项目的不利影响。同时，应及时总结招标工作的经验教训，为日后高校新校区建设项目的招标工作提供参考。

第五节　高校新校区建设项目招标阶段的监督管理工作

高校纪检监察部门、投标单位、国家行政、司法等相关部门均在高校新校区建设项目的招标过程中对整个招标过程进行监督。高校纪检监察部门对于高校新校区建设项目招标阶段的监督尤为重要。高校纪检监察部门主要的监督工作内容为：监督新校区建设指挥部及招标代理公司在招标过程中是否存在让不符合相关法律、法规、学校的规章制度规定的相关人员参与招标工作；监督招标过程是否符合相关部门的法律、法规、学校的规章制度；监督招标过程是否遵循公平、公正、公开的招标原则，是否合法合规；监督投标单位是否符合资格审查文件要求；监督招标文件是否存在不合理条款。

高校新校区建设项目招标不成功的主要原因在于参与招标的人员出现对招标工作的公平公正性产生影响的违法、违规行为。为了防止这种行为的产生，需要高校纪检监察部门随时对其工作人员的工作行为进行规范化教育与要求，不断提高参与高校新校区建设项目招标工作人员的综合素质及廉洁自律意识。新校区建设指挥部人员要时刻牢记我们中华民族廉洁奉公的传统美德，必须清正廉明、两袖清风、廉洁奉公、不饮盗泉，坚决抵制社会不良风气所产生的影响。必要时高校纪检监督部门可以要求新校区建设指挥部的工作人员每人写一份书面的廉洁自律承诺。

招标工作的公平公正性是否受到工作人员行为的影响，其中的原因是很复杂的，并不是能立刻可以杜绝的问题。在高校新校区建设项目的招标阶段，高校纪检监察部门应随时对新校区建设指挥部的工作人员进行廉洁自律情况的监督与检查。高校纪检监察部门要做好新校区建设指挥部工作人员的纪检监督工作，坚决防止在招标过程中出现行贿受贿或者不公正、不合法的行为发生，为高校新校区建设项目招投标阶段工作的顺利开展创造公平合理的内外条件。

第六节　鲁迅美术学院新校区建设项目招标方案

一、鲁迅美术学院新校区招标概况

基于鲁迅美术学院新校区建设项目背景及校区实际情况，为全面完成学院招标工作，协助新校区建设指挥部选择既经济又有实力的中标人，新校区建设指挥部合约部针对本次工作进行了认真的组织和准备，选拔专业齐全，学历、职称、年龄结构合理，具有丰富经验和强烈服务意识，熟悉相关业务的人员组成专项小组，负责本项目工作，并针对该项目的特点编制各类文件，依法实施招标组织活动，确保本项目顺利进行。

新校区建设指挥部合约部在实施招标活动中，认真领会低投入、高产出的办事原则，维护学院的利益，真实反映项目具体特点、管理模式，为新校区指挥部提供更详细、更全面的建议和意见，提供专业工程咨询，对潜在风险提出防范建议。

新校区建设指挥部合约部认真贯彻执行《招标投标法》及有关部门的政策、法规，严格遵循"公开、公平、公正、诚实信用"原则，取得了较好的招标效果，维护了学院的利益，同时也维护了各投标单位的合法权益。

二、鲁迅美术学院新校区招标思路及工作流程

工程项目招标工作依据规范。工程项目招标工作根据《中华人民共和国招标投标法》《中华人民共和国招标投标实施条例》《评标委员会及评标方法的暂行规定》《辽宁省房屋建筑和市政基础设施工程施工招标评标办法》等相关法律、法规的要求，依据辽宁省、沈阳市地方政府以及鲁迅美术学院的有关管理规定，同时结合项目的性质，开展招标工作。

招标工作坚持严格把关、规范操作、择优选拔的原则，确保每个项目的招标过程达到公开、公平、公正、高效、经济的目标。

能否顺利完成招标任务关键在于实施招标过程中对项目系统性、全面性的把握。针对鲁迅美术学院新校区建设项目招标工作，新校区建设指挥部合约部招标工作计划与招标工作内容部署如下：

（一）组建招标项目组

新校区建设指挥部合约部派出法制观念强、政治素质过硬并有

着丰富招投标工作经验的业务骨干组成招标项目组。招标项目组按照全过程咨询服务项目部的整体部署安排，承接项目的招标代理业务。招标项目组设招标负责人 1 名，由具有多年招标工作经验且有丰富的招标业绩的业务部长担任（具有注册造价师、注册监理工程师、招标师证书），招标项目负责人全面负责招标项目的联络、协调和人员调配，有较强的执行力，能够准确无误地把招标人指令传达给项目组成员，根据具体招标项目的特点合理安排人员配备，确保每个招标项目高效率、高品质完成。

项目组成员熟练掌握《中华人民共和国招标投标法》等相关法律法规及招标投标业务，遵纪守法。项目组成立后报新校区建设指挥部审定，审定不合格的及时进行调换。经审定合格的项目组成员绝不随意变更。

（二）编制项目招标计划与方案

工程项目招标按照类别可划分为施工类招标（如土建工程、装修工程、市政工程、设备安装工程等）、货物类招标（如材料采购、设备采购等）、服务类招标（如咨询、项目管理、监理、造价等）。

工程施工招标前应首先安排工程的项目管理、监理等前期招标，为工程施工招标奠定基础条件。工程施工招标顺序应按工程设计、施工、监理的先后次序，以及各单项工程的技术管理关联度安排工程招标顺序。

根据工程总体进度顺序确定工程招标顺序。一般是：施工准备工程在前，主体工程在后；制约工期的关键工程在前，辅助工程在后；土建工程在前，设备安装在后；结构工程在先，装饰工程在后；紧前工序在前，紧后工序在后；工程施工在前，工程货物采购在后。但部分主要设备采购应在工程施工之前招标，以便据此确定工程设计或施工的技术参数、预留尺寸。工程招标的实际顺序应根据工程施工的特点、条件和需要安排确定。

鲁迅美术学院园区建设标段划分

序号	工程名称	工作内容
1	项目管理	对项目提供咨询及管理服务。
2	前期工程检测	对前期合同施工已完成建筑进行检测。
3	设计	整体项目二次设计部分（装饰等）原合同执行或重新招标。
4	造价	对项目提供造价服务，包括前期项目界面节点审核核算、现阶段工程量清单编制、招标控制价格编制、预算编制、工程结算审核、竣工结算审核等内容。
5	土建工程（一标段）	教学辅助区包括主入口大门、学生宿舍、美术馆、餐饮中心、留学生公寓、留学生餐厅、体育馆、多功能馆、体育场看台共9个单体。美术馆（施工至二层）及留学生餐厅（桩基础完成）主体钢筋混凝土结构未封顶外，其他各单体均已封顶，且砌体完成90％。未完成部分包括工作界面的清理、给排水、采暖工程、通风工程、室外配套工程（给水、污水、雨水外线、采暖）、园区清理。
6	土建工程（二标段）	教学区包括A♯、B♯、C♯、D♯、E♯、F♯综合教学楼及G♯综合楼，共7个单体及1个穹顶结构。其中A♯－F♯综合教学楼主体钢筋混凝土结构已全部完成，外围护砌体完成70％，所有内墙均未砌筑；G♯综合楼：浅基础部分主体框架钢筋混凝土施工至2层顶板，深基础部分（大报告厅）底板钢筋混凝土全部完成。未完成部分包括工作界面的清理、给排水、采暖工程、通风工程、室外配套工程（给水、污水、雨水外线、采暖）、园区清理。
7	土建工程（三标段）	教师生活区包括1♯—18♯教师公寓、S♯、R♯老干部活动中心、1♯、2♯门卫共22个单体及教师公寓地下工程。除S♯、R♯老干部活动中心及1♯、2♯门卫未施工外，其余18个单体主体钢筋混凝土结构已全部封顶，砌体结构完成60％。教师公寓地下工程：1.2.3区地下室顶板钢筋混凝土施工完成，地下室墙体砌筑完成90％；4.5.6区地下室顶板钢筋混凝土施工完成，地下室墙体砌筑全部完成。未完成部分包括工作界面的清理、给排水、采暖工程、通风工程、室外配套工程（给水、污水、雨水外线、采暖）、园区清理。
8	监理	根据施工土建招标合理划分标段及学院需求，划分给一家或多家监理单位。
9	穹顶及玻璃幕墙	穹顶4259平方米。
10	装饰工程	根据设计图、工期及项目特点合理划分标段。
11	弱电工程	弱电工程（包括综合布线、安防监控等）、UPS电源、电源等（根据设计图、工期及项目特点合理划分标段）。
12	消防工程	消防栓工程、消防报警工程、地下消防工程、消防外线工程等（根据设计图、工期及项目特点合理划分标段）。
13	电梯采购及安装	电梯采购及安装（根据设计图、工期及项目特点合理划分标段）。

序号	工程名称	工作内容
14	通风空调采购及安装	通风空调（根据设计图、工期及项目特点合理划分标段）。
15	其他重要设备材料	甲方控制材料、设备（根据设计图、工期及项目特点合理划分标段）。
16	配电工程	照明工程、设备配电、防雷接地、地下电气工程、电力外线工程（根据设计图、工期及项目特点合理划分标段）。
17	园区市政工程	园区绿化、道路（根据设计图、工期及项目特点合理划分标段）。

第六章

高校新校区建设项目全阶段合同管理

　　高校新校区建设项目的重要使命是解决扩大招生所带来的空间压力，这一使命就形成了高校新校区建设项目的建设特点。高校新校区建设项目不仅需要建设与教育教学相关的建筑单体，还需要建设为保障这些单体建筑可以正常运行所需要的供水供电系统及景观绿化等与之相关的配套设施。高校新校区建设项目的建设工作量多且复杂、建设及占地面积都很大、涉猎学科种类及范围很广。这些特点直接决定了高校新校区建设项目建设投资大、建设周期长。由于招生规模的不断扩大，势必要求高校新校区建设项目尽可能缩短建设周期。由于大多数高校对于高校新校区建设项目均采用老校区土地置换的方式进行资金筹集，所以在高校新校区建设项目的建设过程中，一般会采取向银行贷款的方式实施建设。高校在身负大额银行贷款的情况下，在保证高校新校区建设项目顺利进行、按期完工的同时，又要保证高校新校区建设项目的建设模式、建设过程符合相关法律法规的规定。这些都需要通过加强高校新校区建设项目的合同管理工作来解决。合同管理是高校新校区建设项目管理中重要的组成部分，在高校新校区建设项目的建设中发挥着重要的作用。想要顺利完成高校新校区建设项目管理工作，就要保证合同管理工作质量。高校新校区建设项目中的合同是高校和参建单位为完成高校新校区建设项目的建设目标所签订的、明确双方法律关系和权利义务的协议，让高校新校区建设项目的建设工作有迹可循。

高校新校区建设项目所涉及的合同属于经济类合同，是明确双方权利和义务的基础，是高校单位和参建单位在高校新校区建设项目建设过程中的主要依据。在高校新校区建设项目中所涉及的合同，其经济法律关系较多、内容多且复杂，涉猎种类较多，且贯穿整个建设周期，具有全过程性。高校新校区建设项目管理中的质量管理、成本管理、进度管理等都需要运用合同来进行约束和管理。在高校新校区建设项目的各个阶段，合同也始终伴随其中，不可或缺。每一个合同的协商、拟定、履行，直至合同的完成都需要得到重视。高校新校区建设项目的合同管理需要具有系统性，各类合同要分门别类地进行管理。高校新校区建设项目合同管理还具有一定的动态性，在合同执行过程中，由于建设情况不可预见，随时发生变化，所以新校区建设指挥部的工作人员要及时对合同进行修改、变更或补充。

从合同管理的角度出发，尽力防范建设风险，保证项目顺利进行，防止项目建设中违法犯罪行为的发生。高质有效完成高校新校区建设项目中的合同管理工作，能有效促进高校新校区建设项目的参建单位认真完成合同约定的义务。在有效控制建设成本、保证建设质量、确保如期投入使用的同时，还可以为社会公共利益做出贡献。

第一节　高校新校区建设项目合同规划阶段的合同管理

在高校新校区建设项目的招标阶段，在对项目所在地建筑市场实际情况充分了解的情况下，新校区建设指挥部需要依据高校新校区建设项目的成本、质量、进度、安全等要求和高校的实际情况，对高校新校区建设项目的合同版本、合同风险责任划分进行详细的整体规划。

一、设立合同管理机构及专业人员

高校新校区建设项目的合同管理工作是贯穿整个高校新校区建设项目的建设过程。高校新校区建设项目涉及的合同种类繁多，具有较强的专业性，涉及学科门类较多，各个合同之间存在着时间、空间等方面的内外部的相互联系与制约，形成了复杂的建设项目系统。高新新校区建设项目的合同管理工作需要工作人员掌握经济、造价、法律、管理等多方面的知识。所以，在合同签订实施前，新校区建设指挥部需要做好高校新校区建设项目合同管理阶段的总体规划，避免因合同管理的不到位制约项目的实施工作，或者延长项目建设周期。这就需要具有合同管理经验且专业技术水平过硬的工作人员对高校新校区建设的合同进行管理。新校区建设指挥部应配备专职人员从事高校新校区建设项目的合同管理工作。高校新校区建设项目管理的核心内容是合同管理，各高校领导在高校新校区建设项目合同管理方面的机构设置、人员配备和经费等方面都要给予支持。

（一）合同管理机构须具有独立性和较高级别

高校新校区建设项目的合同管理工作需要学校各个相关部门的配合与支持，新校区建设指挥部要建立、健全高校新校区建设项目的合同管理机构，安排专业人员对合同进行管理。新校区建设指挥部下设部门中要设立合同管理部门，同时配备专业的合同管理人员。合同管理部门及其工作人员的权限、职责要明确。合同管理部门的职责是制定合同整体规划方案，主导并参与合同谈判，对于拟签订的合同进行审核，在合同履行期间对合同的履行情况进行监督，及时解决合同主体方发生的纠纷。合同管理部门的级别要稍高于其他部门，这样合同管理部门所提出的法律建议更容易执行，合同管理部门意见的权威性才不会受到质疑。合同管理部门要对高校新校区建设项目的建设过程中可能出现的合同风险及时向新校区建设指挥部进行预见性的提示，并对高校新校区建设项目的建设过程中出现的与合同有关的问题提出合理建议和意见。新校区建设指挥部下设的合同管理部门也需要完成合同审核和合同档案管理等方面的工作。

（二）合同管理人员需具备多专业性

由于高校新校区建设项目的合同涉及的学科门类较多，并且高校新校区建设项目合同管理的主要任务是对建设项目全过程、全方位的法律方面的风险防范与处理。所以，高校新校区建设项目的合同管理人员不能只具备法律知识或是只具备工程技术或工程经济的专业知识。高校新校区建设项目的合同管理人员必须具备丰富的合同管理经验和多学科的专业知识并具有一定的知识整合能力。合同管理人员还需要掌握合同谈判技巧、具备突发合同问题的处理能力。

二、建立健全合同管理制度

高校新校区建设项目的合同管理工作中，要重视建立健全合同管理制度。合同管理制的建立是高校新校区建设项目合同管理的重点之一。高校新校区建设项目合同管理的关键是要建立制度。高校新校区建设项目的合同管理制度，要建立贯穿建设项目的各阶段，并且需要具有可操作性。高校新校区建设项目的合同管理的各个阶段都应该有相应的管理制度。新校区建设指挥部在制定高校新校区建设项目合同管理制度时，要考虑与其他建设部门管理制度的统一与协调，保证合同管理制度与其他制度相适宜，相互间不存在矛盾冲突，明确新校区建设指挥部各部门权利与责任。使高校新校区建设项目的各个阶段以及新校区建设指挥部各部门在合同管理中有法可循、有规可依、有据可查、权责分明。

第二节　高校新校区建设项目合同签订阶段的合同管理

在高校新校区建设项目的招标阶段结束后，高校新校区建设项目进入了合同签订阶段，高校和中标人要根据招标文件及投标文件签订合同。高校新校区建设项目的合同要规范、严密、全面、具有可操作性，合同中要对预付款、进度款、变更项目、竣工结算的审核和支付等与高校新校区建设项目管理的重要条款进行约定；对于质量控制、进度控制、成本控制、安全文明管理等高校新校区建设项目实施阶段的重点项目进行约束，保证合同主体方的各方面利益。因此，合同签订工作是高校新校区建设项目合同管理工作中很重要很关键的环节，新校区建设指挥部要对这个环节严谨细致地对待。

一、高度重视合同谈判

新校区建设指挥部下设的主管合同的部门应该派出谈判小组与高校新校区建设项目的参建单位对拟签订合同进行合同谈判。必要时新校区建设指挥部也可聘请专业的合同谈判人员，运用丰富的谈判经验、较高的专业技术水平和较强的应变能力来完成合同谈判工作。对在招标文件和设计图纸中不明确、叙述不详细的内容，在合同签订的过程中，需要通过谈判，在保证合同双方各自利益的前提下，将该类内容在合同中补充完整。在招标工作中由于种种原因导致招标文件中个别条款的叙述错误，在合同谈判的过程中应根据与高校新校区建设项目法律法规和建设项目的实际情况，在合同中对此进行修改。在合同谈判过程中，新校区建设指挥部下设的合同管理部门要及时预测在项目实施过程中可能引起索赔的合同条款，并加以重视。防止在项目实施过程中，由于合同签订的失误或考虑不周导致参建单位提出过多索赔问题的发生。

二、认真核定合同内容

（一）合同主体需真实有效

合同主体是否有效是合同是否成立的前提条件之一。合同签订过程中，新校区建设指挥部下设的合同管理部门在对合同主体进行资格审核时，除了要根据我国现行法律法规审核合同主体的签约资格，还要根据高校新校区建设项目的实际情况及招标文件要求，重点审查合同主体的资质条件和资质等级。防止参建单位因为不具有资质或资质等级达不到高校要求或挂靠借用他人资质，造成所签订的合同无效的情况发生。努力保证高校新校区建设项目的项目建设质量和安全。

（二）合同示范文本需执行

随着我国建设工程的逐步规范化，我国国家和地方政府权威机构对建设项目的主要相关合同均发布了合同示范文本。合同示范文本是由国家和地方政府组织权威机构和专业技术较强的专业技术专家经过长时间的经验积累和周密的考虑才形成的。合同示范文本中的条款全面、完整，合同的表述形式规范，各条款之间的矛盾和错误较少。《合同示范文本》一般由合同协议书、通用条款、专用条款三个部分组成。其中，合同协议书在整个合同中最具权威性，合同协议书中的条款与通用条款和专用条款有冲突的，以合同协议书规定的条款为准；通用条款是以我国现行法律法规及规范为依据做出的通用性约定，不具有强制执行性，但不得更改；专用条款，是合同主体双方根据拟签订合同的实际情况进行的特别约定和补充。专用条款中出现与通用条款不相符合的条款，以专用条款的约定为准。

在合同签订之前，新校区建设指挥部下设的合同管理部门应对拟签订的合同示范文本进行仔细的研读和深入的研究，在符合我国建设项目相关法律法规和规章制度等相关规定的前提下，根据高校新校区建设项目的实际情况和相关技术要求，拟定专用合同条款及合同协议书。在签订合同时，合同主体双方应优先考虑使用已发布的最新版本的合同示范文本。在高校新校区建设项目的实际情况特殊的条件下，合同主体双方才可以使用自行拟定的合同文本格式。但要注意自行拟定的合同文本的规范性。

（三）合同重要条款需重视

在高校新校区建设项目施工合同中，应着重约定拟签订合同的价格、各类款项的审核程序和付款方式、发生变更及工程签证时的合同价款调整方式方法。在施工合同中要明确要求项目的质量、进度、安全控制手段；明确规定按时支付工人工资并要求参建单位在合同中做出相应承诺，这样可以有效避免参建单位发生拖欠工人工资的恶劣现象的发生。在合同中约定参建单位的项目经理、技术负责人和其他技术人员资格、资历、经验需符合招标文件要求，并规定项目实施过程中参建单位的项目经理和技术负责人要按照合同要求到岗。若项目经理或技术负责人不能按照合同到岗，则需要经过变更手续方可调整。

在高校新校区建设项目招标代理委托合同中，要约定对于项目负责人职业道德、专业技术水平的要求和招标小组成员必须具有廉洁自律的自觉性，以确保在招标工作的实施过程中，招标小组的成员可以遵守相关法律法规的规定，并保证招标活动实施过程中的公平、公开、公正。

在高校新校区建设项目造价咨询服务委托合同中，要根据高校新校区建设项目的总体进度计划、建设项目的规模和类型等实际情况，在合同中约定合理的编制工程量清单和招标控制价的时间，以及编制工程量清单和招标控制价的质量奖罚制度和完成时限的奖惩条款。在合同中还应该明确编制工程量清单和招标控制价的项目负责人的职业道德和专业技术水平的要求。

三、严格制定合同签订流程

在高校新校区建设项目合同管理工作中，要制定严格的合同签订流程。不能为了所谓的抢工期、时间紧而打乱合同的签订流程。制定严格的合同签订流程，并在项目实施过程中严格执行合同签订流程可以很好地保证合同主体双方的利益，有利于保证高校新校区建设项目的实施进度，有利于合同主体双方对合同的关键性条款形成统一意见，有利于对于项目实施过程中材料品牌、工程质量、建设周期的确定。制定严格的合同签订流程，可以依法依规开展高校新校区建设项目的管理工作。

在高校新校区建设项目的合同管理工作中，合同签订一般至少需要以下几个流程：新校区建设指挥部下设的合同管理部门根据招标文件拟定合同初稿。新校区建设指挥部其他部门会同新校区建设指挥部聘任的法律顾问共同审阅合同初稿，经会议讨论研究，对合同初稿修改后形成定稿，并形成会签单供领导审阅和存档备查。

在高校新校区建设项目合同管理工作中还应该重视完善合同的审核流程的制定与执行，明确合同会审的各部门具体负责审核内容的分工及标准。新校区建设指挥部下设的合同管理部门应对合同签订依据、拟签约人的签约资格进行审核，并核对合同的实质性条款与招标文件是否统一。新校区建设指挥部下设的财务管理部门应对合同价款、支付方式等合同中的经济性条款进行审核确认，并确定该合同所需资金的到位情况，以确保合同的有效履行，并可以按照约定支付工程款，有效避免违约行为的发生。造价咨询单位应对合同中因发生设计变更或工程签证时的合同价款调整方式方法进行审核。为确保高校新校区建设项目建设的合法合规性，法律顾问应对合同进行法律风险方面的全面审核。

合同会审的各部门负责审核的内容应该明确无交叉，明确自己审核的重点。防止审核人存在侥幸心理。确保及时发现合同中存在的问题，更好地维护高校利益。

第三节　高校新校区建设项目合同实施阶段的合同管理

一、合同分解管理

在拟签订的合同项目正式实施前，新校区建设指挥部下设的合同管理部门需组织新校区建设指挥部参与合同实施阶段所有部门召开合同解读和合同分析会议，通过合同解读和合同分析会议来总结出合同项目实施过程中管理的重点、难点、关键点、注意事项等问题，并将合同中具体的管理工作任务分配到各个部门。

在高校新校区建设项目的实施过程，一般由新校区建设指挥部下设的工程管理部门负责合同中约定的技术、质量、进度、安全等管理；由新校区建设指挥部下设的合同管理部门负责合同解释和成本管理；由新校区建设指挥部下设的财务管理部门负责合同中的费用支付管理；由高校的纪检监察部门负责对合同实施过程进行监督管理等。

二、合同法律管理

在高校新校区建设项目的合同管理过程中，每个高校建设模式有所不同，高校新校区建设项目所在地政府出具的相关政策支持有所不同，每个高校的基建经验及水平也参差不齐，所以在高校新校区建设项目的合同管理工作中遇到的问题也不尽相同。各个高校要根据相关法律法规的规定，结合自身的实际情况，规范合同管理，仔细研读合同条款的约定，避免高校新校区建设项目涉及的合同存在法律风险。必要时，法律顾问应全程跟踪审核高校新校区建设项目工程合同管理的各个过程，及时提出法律质疑，保障高校利益不受损害。

三、合同变更管理

高校新校区建设项目的合同签订后，因实际情况发生变化或外部环境形势发生变化，为了更好地完成合同约定事项或者为了加快实现合同进程，合同主体双方有时根据实际情况对已签订完成的合同进行修改或补充，一般称之为合同变更。涉及金额较大、实质性条款较多的合同变更一般可以用签订补充协议的形式来解决，对于涉及金额较小、无实质性条款变化的合同变更则可以根据合同约定的变更条款执行。在高校新校区建设项目的实施阶段，主要由新校区建设指挥部下设的工程管理部门对高校新校区建设项目发生的合同变更及索赔事件进行处理，监理单位从中协助工程管理部门的工作，谨慎处理合同变更及因为合同变更所引起的索赔事件。在实际操作中，工程管理部门和监理单位要认真核实高校新校区建设项目的实施现场的实际情况并及时向新校区建设指挥部汇报，以便新校区建设指挥部做出及时且正确的决策。

高校新校区建设项目的合同变更经新校区建设指挥部确定产生后，新校区建设指挥部下设的合同管理部门应该根据合同变更的实际情况及时确定合同变更的处理方案并上报新校区建设指挥部。由新校区建设指挥部会议讨论决定是否需要对拟变更合同进行补充协议的签订。由于在高校新校区建设项目的合同签订后，新校区建设指挥部按照项目所在地政府的要求在当地建设主管部门进行合同备案，所以当需要在原备案合同的基础上再行签订补充协议时，要保证补充协议的内容及重要条款与备案合同内容及重要条款无实质上的较大差别，防止阴阳合同导致补充协议无效的情况发生。新校区建设指挥部下设的合同管理部门在合同变更后要时刻跟踪管理合同变更的执行情况。

四、合同档案管理

高校新校区建设项目的竣工验收和项目后评价的质量由合同档案的完整程度直接控制。所以在高校新校区建设项目的合同管理工作中，新校区建设指挥部要重视合同的档案管理工作，提高合同档案的数字信息化程度。规范高校新校区建设项目的合同管理工作中合同档案的管理工作，有利于高校新校区建设项目在建设过程中的合同查找工作，并为项目竣工结算以及未来由政府组织的审计工作的开展提供了完整的规范的合同档案。高校新校区建设项目的合同档案需要具有真实完整性。合同档案管理是高校新校区建设项目管理的重要组成部分，可以真实记录反映高校新校区建设项目的实际建设情况，是高校新校区建设项目的基础资料，是高校新校区建设项目竣工验收的主要依据。因此，在高校新校区建设项目有关合同的整理和归档等管理工作中，要保证合同文件及相关资料的完整性和真实性。

高校新校区建设项目的合同管理工作中，新校区建设指挥部需要制定相关规范，根据相关规范对合同进行有序管理。高校新校区建设项目的合同管理工作是一个循序渐进的过程，各项合同管理工作之间有着紧密的联系，任何一项合同的管理不到位、不规范就可能造成合同档案的缺失或与事实不符的情况发生，造成不可弥补的损失。新校区建设指挥部下设的各个有关部门应紧密配合档案管理部门，团结合作、齐心协力，为共同做好合同管理工作而努力。

由于高校新校区建设项目普遍存在建设周期较长、单体建筑较多的情况，所以高校新校区建设项目涉及的合同种类也相对较多，为了方便合同档案管理，可将合同按标段划分或是按合同的专业类型进行分类管理。新校区建设指挥部下设的合同管理部门应建立便于查询合同重要内容的合同管理统计表。

五、合同监督管理

合同是高校新校区建设项目参建双方承担自身责任、履行自身义务、实行自身权利的基础和依据，所以签订、管理合同在高校新校区建设项目管理中具有举足轻重的地位。但合同的签订与管理的最终目的是得以将合同目的按时高质量地完成，所以监督合同的完成质量及完成时间也是合同管理工作中的一个重要环节。只有按照合同约定保质按时地完成合同内容，才能实现合同主体双方的权利实行和义务的履行。由于高校新校区建设项目的建设周期较长，在高校新校区建设项目建设期间人事变动、机构调整等原因，还因为合同内容涉及高校的多个部门，所以可能造成合同签订之时与合同履行过程中的相关负责人或者主管部门发生变化，导致合同履行期间的跟踪监督工作的缺失。所以在合同履行期间，新校区建设指挥部下设的合同管理部门应加强合同履行期间的跟踪与监督工作力度。新校区建设指挥部以及高校领导要重视和支持高校新校区建设项目管理中合同履行的监督工作，新校区建设指挥部要制定切实可行的合同管理制度作为指导依据。使新校区建设指挥部下设的合同管理部门在机构设置以及制度规定的双重保障下履行合同管理的监督职责。

新校区建设指挥部下设的合同管理部门应根据建立的合同管理统计表，定期、及时掌握合同的实际履行情况，并对合同履行过程中存在的问题，及时提出合理的处理建议。新校区建设指挥部下设的合同管理部门要重视合同履行期间合同主体双方的往来函件、电子邮件等相关资料的收集与存档工作，防止一旦合同主体双方发生纠纷，证据丢失的现象发生。

第七章

高校新校区建设项目实施阶段项目管理

　　高校新校区建设项目实施阶段是将高校新校区建设项目建筑设计方案及图纸实施成为建筑实体的阶段，是实现建设项目使用价值的攻坚阶段。在这一阶段中，建设项目管理显得尤为重要，建设项目的管理水平和管理质量将直接影响到高校新校区建设项目的质量、进度、成本能否达到预期目标。通过参建各方同心协力对高校新校区建设项目进行管理，才能保证高校新校区建设项目高质量低成本如期完工。

　　高校新校区建设项目的质量、进度、成本控制看似独立，实则相辅相成、互相影响。在高校新校区建设项目实施阶段项目管理中不能为了达到预定的其中一个目标而忽略了另外两个控制的重要性。质量、进度、成本三个方面的控制均达到预期目标，才可以称为高校新校区建设项目实施阶段项目管理的成功。

　　高校新校区建设项目实施阶段的管理是高校新校区建设项目管理的重要节点，是高校新校区建设项目能否实现最终目标的关键所在。新校区建设指挥的全体管理人员要深刻认识到高校新校区建设项目实施阶段管理的重要性，要认真对待高校新校区建设项目实施阶段的项目管理工作，同时要不断提高自身的管理水平，为高校新校区建设项目的最终落成做出应有的贡献！

第一节　高校新校区建设项目实施阶段的质量管理

高校新校区建设项目实施阶段的质量管理包括实施准备阶段的质量管理和实施过程中的质量管理两方面的管理。新校区建设指挥部需要对高校新校区建设项目的实施过程进行全过程、全方位的质量管理，努力使高校新校区建设项目建设过程中的质量控制达到预期目标，避免产生不必要的损失。

一、实施准备阶段的质量管理

高校新校区建设项目实施准备阶段的质量管理一定要做好事前控制的准备。尽早预测或找出可能引起质量偏差的潜在因素，将其消灭在萌芽之中，或者抑制其发展，以达到防止质量偏差出现的目的。新校区建设指挥部要通过汲取高校新校区建设项目实施阶段质量管理的经验教训，不断提升和改进质量管理工作水平。具体操作过程中，新校区建设指挥部应做好以下几个方面的工作：

（一）努力做好进场前准备工作

高校新校区建设项目的实施阶段是在投入大量人工、机械、时间的基础上，将各种建筑材料通过专业技术手段组合在一起，建设成为建筑物的过程。新校区建设指挥部要根据合同中约定，认真履行责任和义务，为项目的顺利实施创造必要条件，要做好高校新校区建设项目的实施前进场准备工作，在施工单位进场前完成项目场地的"三通一平"工作并办理完成项目所在地政府要求的各类开工前必要的手续。

（二）认真组织图纸会审会议

建筑设计图纸是高校新校区建设项目实施阶段的主要依据，建筑设计图纸的质量直接关系到高校新校区建设项目的质量。由于高校新校区建设项目在设计阶段的设计周期较短，设计的工作量较大，所以在设计完成的图纸中会不可避免地出现各种各样问题。虽然在高校新校区建设项目的招标阶段，我国政府在相关法律法规中明确规定招标时所用的图纸和施工时所用的图纸必须保持一致，但在实际操作中因为建设方案的改变、进度计划的调整等种种不可避免的原因，高校新校区建设项目经常会出现项目实施时所用的图纸与招标时的图纸不一致的现象。由于这些原因的存在，在高校新校区建设项目的实施准备阶段，新校区建设指挥部要组织好图纸会审会议。为高校新校区建设项目管理中质量控制、进度控制、成本控制提供良好的基础，避免在项目实施过程中出现较多的设计变更或工程签证。

在高校新校区建设项目图纸会审会议开始之前，新校区建设指挥部要组织各个专业的技术人员和管理人员仔细熟悉设计图纸。由于设计图纸的审核工作需要具有较高水平和较丰富经验的工程技术人员来完成，新校区建设指挥部内部的专业技术水平及人员数量不足以满足审核设计图纸的要求，所以根据实际情况的需要，可以外聘工程专业技术人员与指挥部的专业技术人员一起对建筑设计图纸进行审核。

在图纸会审会议中，新校区建设指挥部的工作人员要对在会议中发现的问题认真做好记录，争取做到在图纸会审会议中解决所发现的设计图纸问题，为高校新校区建设项目的顺利实施奠定良好基础。新校区建设指挥部下设的档案管理部门还要将图纸会审记录及时存档，为日后查档做好准备。

（三）认真组织施工组织设计会审会议

高校新校区建设项目的施工组织设计由工程概况、施工部署及施工方案、施工进度计划、施工平面图、主要技术经济指标五个方面组成。由于施工组织设计里运用的施工方案、施工方法和工艺的不同，会导致建设项目的措施费有很大的差异。因此，新校区建设指挥部有必要仔细分析研究施工单位提供的施工组织设计在施工方案、施工进度计划、施工平面图等方面的可行性和主要技术经济指标的经济性是否合理。例如：临时道路设置应考虑与正式道路相重合；临时设施的布置应考虑未来建设项目投入使用之后，在满足项目顺利实施的基础上，使临时设施可以得以利用。这些方面的设置都可以达到节约建设成本的目的。新校区建设指挥部下设的工程管理部门应及时核对施工组织设计中拟指派到现场的施工单位项目经理、技术负责人、配到本项目人员结构的资格和数量、机械设备的数量和功率是否符合施工单位在投标文件中的承诺和合同的要求。

（四）合理布置施工平面

高校新校区建设项目实施阶段施工平面布置得是否合理，直接影响施工现场二次搬运现象出现的次数，进而影响到建设项目的造价成本控制。在项目实施前要先做好施工平面的布置工作。减少二次搬运的产生，不仅有利于施工方便，还为高校节约了不必要的建设资金成本。

（五）据实制定实施计划

高校新校区建设项目的建设周期较长，建筑单体较多，这就需要新校区建设指挥部会同项目实施单位按照总体规划将高校新校区建设项目划分成几个标段实施。标段划分原则一般为：教学主体区应首先完成，例如，教学楼、学生宿舍、食堂等教育教学基础设施应在第一批次中完成，确保新校区具有使用功能，保证老校区及时搬迁置换；教学辅助区可在正式搬迁之后再行建设，例如，图书馆、博物馆、体育馆等教学辅助设施可在后批次中建设。这样既保证了老校区的搬迁时间，又使资金可以分批次投入；既推进了高等院校的发展，又缓解了高校新校区建设项目的资金压力。在划分步骤时，要考虑道路、水、电、通信网络等市政配套工程提前规划，各专业、各部门之间要加强联系，统一安排。

二、工程实施阶段的质量管理

在高等院校新校区的建设中，施工阶段的质量控制是重中之重，是整个工程最为重要的一个环节。高校新校区建设项目实施阶段质量控制简单理解就是为满足项目的实际要求在质量方面采取的一系列手段。高校新校区建设项目的管理工作质量直接影响项目质量，管理工作的质量是项目质量优劣的基础，项目质量在一定程度上也可以反映出管理工作质量的优劣。项目质量和管理工作质量对高校新校区建设项目来说都很重要，二者相比较而言，更应该注重管理工作的质量，因为只有加强了管理工作的质量才可以确保项目质量的优良。

由于高校新校区项目的自身特点，致使高校新校区建设项目管理的工作量相对较大，新校区建设指挥部可以运用因果分析图法、控制图法等一系列常见的管理方法对高校新校区建设项目实施阶段的质量进行控制。在加强事前控制的同时也要加强事中控制，具体可以从以下几个方面着手进行管理。

（一）建立质量管理体系

高校新校区建设项目的质量管理应该按照国家现行法律法规、工程建设规范和强制标准以及合同的要求开展。高校新校区建设项目质量管理的主要内容就是通过编制建设项目的质量计划、项目的实施和监管程序，来保证高校新校区建设项目的实施质量可以达到预期约定目标。为了实现这一目标，新校区建设指挥部应建立质量管理体系、健全质量保证体系、建立严格的工程监理实施制度，对高校新校区建设项目进行全过程的质量管理。在高校新校区建设项目实施过程中对项目实施质量进行全方位的实时控制，及时对质量管理体系不完美的地方进行改进，并根据高校新校区建设项目的自身特点制定项目实施质量保证措施和项目实施质量管理计划。确保高校新校区建设项目的实施质量可以达到预定目标。

新校区建设指挥部下设的工程管理部门负责编制项目的质量管理体系，并组织新校区建设指挥部相关部门和监理单位的工作人员根据高校新校区建设项目的质量管理体系开展质量情况把控、质量差错分析、质量矫正等一连串的高校新校区建设项目实施阶段的质量管理工作。

（二）加强建筑材料的管理

高校新校区建设项目的建筑材料管理应该贯穿于高校新校区建设项目的各个阶段。在建设设计阶段和招标阶段就予以重视。

在高校新校区建设项目的建筑设计阶段，建筑设计单位在高校新校区建设项目的建筑设计图纸中应当注明所选用的建筑材料，建筑构配件和设备的规格、型号、性能等技术指标，其质量标准必须符合国家规范的要求。

在高校新校区建设项目的招标阶段，新校区建设指挥部在高校新校区建设项目进行建筑材料、建筑构配件和设备招标之时，要根据项目的实际需求，严格执行国家出具的相关规范和行业标准，尽量选择合适的、具有一定生产资质和生产规模的生产厂家。中标的建筑材料样品经过确认后应该在新校区建设指挥部进行封存。

在高校新校区建设项目的实施阶段，高校新校区建设项目正式开工时，新校区建设指挥部与监理单位一起对项目现场使用的材料与封存的材料进行查验对比。实施单位在项目实施过程中必须保证所采购建筑材料符合国家标准及合同约定。高校新校区建设项目现场使用的材料，新校区建设指挥部及监理单位应认真核对其质量、品牌和价格是否符合合同约定。坚持先验后用的原则，未经检验和试验的建筑材料、建筑构配件和设备一律不得投入使用。

（三）加强施工工艺的管理

高校新校区建设项目实施阶段施工工艺的选择不仅可以直接影响到高校新校区建设项目的质量控制管理，还可以影响到高校新校区建设项目的成本控制管理。在高校新校区建设项目正式实施前，新校区建设指挥部应与建筑设计单位、监理单位一起，对施工单位编制的施工组织设计中的施工工艺的适用性和可行性进行审查和论证。

（四）加强对施工单位的管理

1. 资质管理

高校新校区建设项目的实施单位的资质等级必须符合高校新校区建设项目的要求，坚决不允许实施单位的资质等级不满足高校新校区建设项目要求的情况发生。高校新校区建设项目的实施单位不得将高校新校区建设项目转包或违法分包给其他单位，不得借用其他单位的资质或名称承接高校新校区建设项目或借用给其他单位资质或名称用来承接高校新校区建设项目。

2. 依据管理

在高校新校区建设项目的实施过程中，实施单位必须按照新校区指挥部提供的建筑设计图纸、经过新校区建设指挥部批准同意的施工组织施工设计、国家相关部门出具的施工技术规范标准和已经签订的合同进行高校新校区建设项目的实施。未经新校区建设指挥部及设计单位的同意，高校新校区建设项目的实施单位不得擅自修改建筑设计图纸。

3. 问题管理

在高校新校区建设项目实施阶段，当出现质量问题时，新校区建设指挥部会同监理单位要在第一时间对施工单位进行处理，问题严重时要责令其停工整改，直至问题有所改善才可以复工建设。找出问题的所在，防止类似问题的再次发生。新校区建设指挥部及监理单位对高校新校区建设项目实施阶段质量控制应该采取积极主动的态度和举措，加强对影响建筑工程质量的各种因素的判断和预测，找到可能发生质量问题的因素并加以分析和控制。避免出现了质量问题再进行处理的消极被动局面的产生，减少不必要的损失。

4. 人员管理

对施工现场人员开展有效的管理，是一项十分重要的现场项目管理内容。这主要是由于工程施工的各个环节都是由人来完成的，环节和人之间有着极为紧密的关系。因此，新校区建设指挥部要注重对施工现场人员的管理。新校区建设指挥部及实施单位应该营造出一种积极向上、荣辱与共以及严格遵守各项纪律的文化气氛，进而从总体上提升现场人员的素质水平，使其树立责任意识，从而更好地开展现场实施工作，并自觉对工程实施质量进行检查，降低质量问题的发生概率。另外，实施单位应不断引进具备较高专业素质的管理人员，且对现场工程管理者予以有效的培训，引导管理者开展管理创新与实践，进而在一定程度上提升管理者的专业素质水平，保证现场工程管理的质量。

（五）加强对监理单位的管理

新校区建设指挥部下设的工程管理部门和监理单位应共同对高校新校区建设项目实施阶段的实施质量进行监督与控制。监理单位是受高校委托对高校新校区建设项目实施阶段进行第三方监督管理的单位。由于新校区建设指挥部管理人员缺乏，其专业技术水平也达不到高校新校区建设项目管理的要求，所以在高校新校区建设项目实施现场要依靠监理单位完成高校新校区建设项目的管理工作。高校新校区建设项目实施之前，新校区建设指挥部要通过公开招标的方式选择出优秀且适合高校新校区建设项目的监理单位。在高校新校区建设项目实施阶段，监理单位要依据国家相关部门出具的监理规范和合同等相关文件，对高校新校区建设项目实施阶段进行全过程跟踪管理，并及时向新校区建设指挥部汇报。监理单位要选用技术水平较高、具有一定职业操守的专业技术人员对高校新校区建设项目的实施阶段开展监理工作。监理单位所开展的监督管理工作要严肃认真、一丝不苟，以减轻新校区建设指挥部工作人员的管理工作，弥补新校区建设指挥部的专业技术人员缺乏且其人员专业技术水平不高的不足。

监理单位主要对高校新校区建设项目的现场质量、安全、进度等方面进行监督和管理。新校区建设指挥部要依据监理规范以及相关合同文件的规定全面审核监理单位的工作，认真督促监理单位做好日常的监督、检查、旁站工作。新校区建设指挥部主要通过监理月报和现场监督对监理实行监督控制。新校区建设指挥部可以根据监理月报中体现出的质量情况，督促监理单位让施工单位对其中的问题进行纠正，并采取相应的措施防止此类问题再度发生，共同将高校新校区建设项目实施阶段的质量管理工作做好。

在高校新校区建设项目实施阶段的质量管理中，监理单位要配合新校区建设指挥部对施工单位进行管理。新校区建设指挥部下设的工程管理部门的工作人员要定期参加由监理单位组织召开的工程监理例会，与监理单位一同听取各参建单位关于施工项目的质量控制、进度控制、成本控制等方面的汇报，全面掌握高校新校区建设项目的实施情况。监理单位要将在工程监理例会中发现的问题详细记录在案，并做好存档工作，为日后的工作做好铺垫。

（六）做好沟通协调管理

高校新校区建设项目实施阶段质量管理的沟通协调管理主要涉及新校区建设指挥部、监理单位、设计单位、施工单位四个方面的沟通协调管理工作。新校区建设指挥部负责高校新校区建设项目的全面管理工作，负责与设计单位、施工单位和监理单位沟通联系，并负责协调参建各方的关系。新校区建设指挥部、设计单位、施工单位、监理单位之间在高校新校区建设项目实施阶段有着密切的业务联系，相互之间应本着相互理解、相互尊重的态度密切开展合作。但是，由于各参建单位在高校新校区建设项目中的工作职责有所不同，在高校新校区建设项目的建设过程中难免会有不同意见的产生，这就需要新校区建设指挥部通过沟通协调来统一各参建方意见。使设计单位、施工单位、监理单位之间协调统一地按照计划工期完成高校新校区建设项目总体规划目标。新校区建设指挥部除了要协调设计单位、施工单位、监理单位之间的项目内部关系外，还需要协调项目所在地政府有关主管监督部门、建设规划部门、公共事业部门、市政部门以及周边相邻单位等各相关单位的关系。

高校新校区建设项目管理的工作重点之一就是要协调项目内外各单位之间的关系和相关事务，以保证高校新校区建设项目预定的建设目标得以实现。新校区建设指挥部应建立高校新校区建设项目"建设协调会议"制度。在日常工作中及时发现高校新校区建设项目实施现场发生的问题。对于需要各方开会讨论的问题，及时形成会议议题，根据实施现场的时间需求，尽快召开沟通协调会议，并形成会议纪要存档备查。对于不需要开会讨论研究的问题，新校区建筑指挥部应及时发布工程指令强制执行。只有沟通协调好高校新校区建设项目建设过程中出现的各参建单位的意见，并采取行之有效的方式统一意见，才能确保高校新校区建设项目按照计划工期完成总体建设目标。

（七）做好安全施工管理

高校新校区建设项目实施阶段必须在保证安全的前提下，确保项目的质量。安全管理工作是高校新校区建设项目成败的关键点。要做好高校新校区建设项目的安全管理工作，首先新校区建设指挥部会同监理单位、施工单位应该制定安全事故预防措施，全面落实安全生产管理的责任制度，每项工作落实到人，确保安全生产管理制度的执行力度。高校新校区建设项目实施过程中如果没有完善的现场工程管理制度，将会出现很多不必要的问题，特别是安全问题，将会对施工单位造成严重影响，同时还会造成严重的经济损失。因此，在高校新校区建设项目实施现场管理过程中，应逐步强化工程安全管理方面的制度建立，从制度角度强化对工程实施现场的管理力度，不断强化社会责任意识。这样不仅有利于管理效果的提升，同时也可以为安全施工提供保证。

在高校新校区建设项目实施阶段，新校区建设指挥部在与监理单位的协同合作下，要保证特种作业人员按施工规范要求持证上岗。机械设备在运抵现场时均需具有安全使用证，并且要定期成不定期地在项目实施现场监督提醒施工单位经常对机械设备进行安全性检查。确保施工单位按照规定或合同约定为其现场管理人员及施工人员购买保险。对于深基坑开挖、地下暗挖工程、高大模板工程等国家法律法规及行业规范规定的需要专业技术专家论证后并出具安全专项方案才可以实施的施工项目，必须按照规定组织专家进行论证，任何人不得自行取消此类论证。新校区建设指挥部要定期或不定期组织高校新校区建设项目参建各方的工作人员对施工现场进行安全检查，对于检查中所发现的安全隐患，其责任单位必须立刻按照规定整改。在高校新校区建设项目实施现场管理过程中，实施单位应主动采取多种安全手段及措施，最大程度地提升工程安全管理的水平，最大程度地降低安全隐患的发生，合理处理施工现场各个安全管理"死角"。

高校新校区建设项目的各个参建单位均应该具有安全事故应急处理能力。当安全事故发生时，各个参建单位的现场人员必须第一时间全体参与到安全事故的应急处理中去。按照安全事故应急处理方案，有组织、有计划地挽救高校新校区建设项目事故现场所涉及的生命财产安全，并派专人立刻向政府有关部门如实汇报事故的情况。为了便于后续调查事故原因，相关人员要保护好安全事故现场。相关部门要积极配合政府相关部门对事故现场进行查看，调查分析事故发生的原因。各参建单位要分析安全事故发生的原因，引以为戒，杜绝此类事故再次发生。

（八）成立突发事件处理小组

在高校新校区建设项目的实施阶段，由于各种如气象、气候条件变化等不可人为控制的因素影响，突发事件随时都会发生。因此，为了尽量消除不可控因素对高校新校区建设项目工程质量的影响，为了在出现质量事故时参建各方可以进行及时有序的解决和处理，新校区建设指挥部应督促施工单位在高校新校区建设项目进场开工之前编制突发事件应急预案。新校区建设指挥部应要求监理单位依据高校新校区建设项目特点以及施工条件对其编制的突发事件应急预案进行审核，并签字确认。

为了更好地执行高校新校区建设项目实施阶段的突发事件应急预案，将突发事件防患于未然，防止由于实施现场人员应急处理能力不足、处理水平不高而导致事件恶化的情况发生，新校区建设指挥部要组织建筑设计单位、监理单位、施工单位成立"突发事件处理小组"。小组成员应该在具备较高的专业技术水平的同时，也具有良好的职业道德，确保高校新校区建设项目实施阶段突发事件发生时，"突发事件处理小组"的成员可以第一时间做出反应。当高校新校区建设项目实施阶段的突发事件发生时，"突发事件处理小组"应当全程参与分析事故原因，提出相应的技术处理方案，并防止此类事件再次发生。新校区建设指挥部应该明确"突发事件处理小组"的职责和权力范围，应该对"突发事件处理小组"成员提出廉洁自律、忠于职守等要求。

第二节　高校新校区建设项目实施阶段的进度管理

一、充分考虑各类因素

高校新校区建设项目的建设周期较长，参建单位也比较多，外界环境和政治环境对其影响较大，因此高校新校区建设项目进度的影响因素有很多种。

高校新校区建设项目实施现场管理人员的管理水平和经验对高校新校区建设项目的进度控制会产生人为因素的影响。高校新校区建设项目的实施单位材料供应的及时性及质量稳定性、项目资金使用的合理性对高校新校区建设项目的进度控制会产生资源因素的影响。高校新校区建设项目实施期间的天气、气候情况会对高校新校区建设项目的进度控制产生环境因素的影响。高校新校区建设项目实施方案的合理性和可行性会对高校新校区建设项目的进度控制产生技术因素的影响。

这些因素都会对高校新校区建设项目的进度控制产生不同程度的影响，因此高校新校区建设项目实施单位在制定进度计划时要充分考虑这些因素，建立适宜的目标实施计划。由新校区建设指挥部和监理单位实施全过程的进度控制跟踪管理，并制定奖励和处罚的措施。

二、科学规划进度计划

高校新校区建设项目的实施单位要对高校新校区建设项目的实施阶段制定切实可行的、科学合理的进度目标计划。高校新校区建设项目实施阶段的进度计划的编制要依据合同约定和高校新校区建设项目的实际情况，并经监理单位和新校区建设指挥部审核通过才可以应用于高校新校区建设项目中。高校新校区建设项目实施阶段的进度计划需要具有适用性、可行性、连序性。各参建单位都必须按照高校新校区建设项目实施阶段的进度计划要求完成各个阶段的工作任务。在实施过程中如出现不能按照计划完成工作的情况，高校新校区建设项目的实施单位必须上报新校区建设指挥部和监理单位。新校区建设指挥部和监理单位根据高校新校区建设项目实际情况，及时审核实施单位上报的调整计划。

高校新校区建设项目管理工作中"网络图法"是控制进度最常使用的方法。网络图法的工作方法是：按照正常的施工顺序画出网络图，再找出关键线路和关键工作，找到最短工期，合理安排施工作业。高校新校区建设项目实施阶段的进度控制还可以制定月工程进度计划或者季度工程进度计划。在实际操作中，根据月工程进度计划或者季度工程进度计划，高校新校区建设项目实施单位按月或季度向新校区建设指挥部和监理单位上报已完成工程量和产值，并根据上一月或季度的已完工程量和产值编制下个月或季度的工程预算计划和材料供应计划。这样可以使各个参建单位及时了解工程的进展情况，并对实施过程中产生的工期误差及时进行纠偏处理，还可以为工程进度款的支付和材料供应进场的时间安排提供依据。

新校区建设指挥部和监理单位要加强对高校新校区建设项目实施单位在进度控制方面的监督和管理。依据高校新校区建设项目的进度计划，重点审核实施单位编制阶段性进度计划是否与总进度计划相一致，在科学合理的前提下尽可能缩短工期。

三、合理使用作业模式

高校新校区建设项目的实施单位，应该依据我国相关法律规范和规章制度，根据高校新校区建设项目的实际情况，在高校新校区建设项目的实施阶段，尽量采用分阶段的流水作业模式和机械化作业模式，以保证高校新校区建设项目的建设进度。

第三节　高校新校区建设项目实施阶段的造价成本管理

高校新校区建设项目实施阶段的成本管理的最终目的是保证高校新校区建设项目的整体建设成本控制在由政府相关部门批准的概算范围内。在建筑项目具体施工的过程中，为了更好地实现成本管理目标，需要对建设项目各个阶段以及经济建设的内容进行管理，从而使各项成本费用得到有效控制，避免资源的浪费。即使国家不断出具相关政策以加大对高校新校区建设项目的扶持力度，但在高校新校区建设项目过程中仍需加大造价成本的控制力度，利用有限的资金成本，支撑校区规模的扩大和教育质量的提高，努力建设一个既满足教育教学需求又满足生活与科研需求的新校区。

一、实施准备阶段项目的成本管理

（一）选择有经验的技术人员

想要做好高校新校区建设项目实施阶段的成本管理工作，就需要具有一定经验的建设管理人员和技术过硬的专业技术人员来管理。有经验的建设管理人员可以依靠监理单位来提供。技术过硬的专业技术人员则需要造价咨询服务单位派驻人员进入高校新校区建设项目的实施现场，全过程对高校新校区建设项目的成本进行控制与管理。造价咨询服务单位应尽量选派有过类似项目经验的人员入驻现场，从而可以有效地提高工作效率，更好地控制造价成本。新校区建设指挥部则需要根据高校新校区建设项目的自身特点，考核监理单位和造价咨询单位派驻现场的管理人员和专业技术人员是否符合项目需求。

（二）开展图纸技术交底工作

设计图纸技术交底工作应得到参建各方的重视。设计图纸技术交底工作是高校新校区建设项目实施阶段造价成本控制的重要环节。高校新校区建设项目实施阶段成本控制管理工作中，新校区建设指挥部要重视施工图技术交底工作的开展。在高校新校区建设项目实施之前，新校区建设指挥部要召集使用部门、实施单位、设计单位、监理单位等参建单位的专业技术人员，认真开展图纸会审和图纸技术交底工作，以减少高校新校区建设项目实施过程中的设计变更和工程签证的数量，从根本上解决因返工等原因造成的造价成本方面的浪费。

（三）编制建设成本估算书

通过图纸会审、设计图纸技术交底等一系列工作，高校新校区建设项目的实施单位依据设计图纸，运用政府相关部门规定的计量方式可以编制出较为适用的高校新校区建设项目成本估算书，再通过一系列的测算，高校新校区建设项目的实施单位就可以找出设计图纸中的错误或者各专业间的矛盾之处。高校新校区建设项目的实施单位就可以有的放矢地解决设计图纸中的问题，有效避免在实施过程中因设计图纸中出现的问题而造成施工中的成本浪费。

高校新校区建设项目实施单位编制的成本估算就是关于高校新校区建设项目建设完成所必需的造价成本的近似估算。高校新校区建设项目的实施单位可以根据高校新校区建设项目的建设周期和不同的精确度需求，运用类比估算法、参数模型法等估算方法，自下而上地对高校新校区建设项目进行科学的成本估算。成本估算是高校新校区建设项目编制资金筹集计划和进度款支付计划的重要依据。新校区建设指挥部和监理单位要及时审批高校新校区建设项目实施单位上报的成本估算书。新校区建设指挥部在对高校新校区建设项目的工程造价成本有一个比较准确的了解的同时，也可以从总体上掌握项目的投资和付款比例。这将有利于高校新校区建设项目的总投资控制。

二、工程实施阶段的成本管理

高校新校区建设项目的成本管理工作是在高校新校区建设项目的实施过程中，通过一系列技术手段对项目成本进行控制，使项目的建设造价成本不超过政府批准的投资概算的一种项目管理工作。已经政府相关部门批准的可行性研究报告的投资概算是高校新校区建设项目的总成本控制目标。

高校新校区建设项目实施阶段成本控制的基本程序就是要根据高校新校区建设项目需要的建筑材料、设备、人工等项目的数量进行核算，并根据核算的工程量及政府出具的相关政策规范编制工程预算，再将工程预算按实际工期安排分配到整个实施周期，形成衡量每月或每季度应完成的工程量和产值的基准计划。根据基准计划对高校新校区建设项目的成本进行全过程的控制。

高校新校区建设项目的项目成本控制，分为事前控制、事中控制和事后控制，新校区建设指挥部要重视每一个控制环节。具体操作如下：

（一）做好成本偏差管理

高校新校区建设项目实施阶段的成本控制的关键在于及时发现实际成本与计划成本偏差的发生。通过分析造成项目成本偏差的原因，尽早地解决和控制项目成本的偏差。

高校新校区建设项目正式实施之前要对可能引起项目成本偏差的因素进行筛选和控制，做好成本控制的事前预防工作。

计划成本制定之后，新校区建设指挥部需要对高校新校区建设项目施工各个阶段的成本进行偏差对比。新校区建设指挥部和监理单位在日常工作中要实时监测项目成本，发现项目实际成本与计划成本有偏差时就应该积极主动对偏差进行了解和分析，及时采取纠偏手段，防止由于成本的细微偏差造成高校新校区建设项目整体成本控制失控的情况发生。

（二）抓好审核签证及变更管理

顺利完成高校新校区建设项目的成本控制和管理工作，需要控制审核好高校新校区建设项目的各类工程签证及设计变更。

1. 工程签证管理

工程签证是指由于施工现场临时出现的工作，这部分工作又超出了施工图纸所包含的内容，这就需要监理单位和新校区建设指挥部管理人员现场确认该部分工作发生情况与数量大小。在高校新校区建设项目的成本控制工作中，工程签证会导致相当一部分费用的增加。所以，新校区建设指挥部在高校新校区建设项目的实施阶段对工程签证和设计变更的管理工作中，要谨慎地对待工程签证和设计变更的签发工作。

工程签证的签发原则是实事求是，尊重事实。对于确实发生的工程签证，则一定要给予签发，不能给施工单位造成损失。对于没有发生的工程签证，一定坚决不予签发。新校区建设指挥部要认真核对工程签证的内容，对于合同条款中已包含的工作、工程量清单综合单价中已包含的工作、责任方为施工单位临时增加的工作均不签发工程签证。对于非施工单位的原因造成的且属于施工图纸之外的工作才可以签发工程签证。新校区建设指挥部要会同监理单位和设计单位对施工单位提出的工程签证进行核实，并及时书面告知施工单位签发或拒绝签发的指令，防止因时限问题导致不能拒绝签发的情况发生。

2. 设计变更管理

在高校新校区建设项目的实施过程中，由于外界环境因素和人为因素等，经常会出现设计变更。高校新校区建设项目实施阶段对于设计变更的管理，直接影响高校新校区建设项目的成本控制。新校区建设指挥部和监理单位要严格审核实施单位上报的设计变更内容，对于可采用技术手段弥补的事项，尽量不进行设计变更处理。

对于必须进行设计变更的项目，新校区建设指挥部会同监理单位应根据国家相关法律法规、规章制度以及高校新校区建设项目的实际情况，制定高校新校区建设项目实施阶段的设计变更管理制度，努力落实项目管理措施，加强高校新校区建设项目的成本控制。设计变更管理制度中应该明确对高校新校区建设项目实施阶段运用科学有效的管理手段，防止不必要的设计变更的发生。

设计变更管理制度中应规定高校新校区建设项目设计变更的审核程序。审核程序应依据国家出台的相关法律法规和规章制度。在高校新校区建设项目的实施阶段，应严格要求新校区建设指挥部及监理单位按照规定的审核程序对施工单位提出的设计变更进行审核。重点审核设计变更的真实性和必要性，审核设计变更申请程序是否符合高校新校区建设项目的设计变更制度，审核设计变更导致工程量增加的幅度，审核由于设计变更导致工程量增减所增加费用是否超出预期控制目标，并审核其计价方法是否符合清单规范及合同文件的规定。

高校新校区建设项目的实施过程中，各个参建单位都不能随意增加施工项目，新校区建设指挥部和监理单位在审核设计变更时也要计算变更内容涉及的造价对总成本控制的影响。新校区建设指挥部应在设计变更制度中明确：设计变更涉及金额在五万元以下，设计变更单需经新校区建设指挥部下设的工程部部长签字审批；设计变更涉及金额在五万元至十万元之间的，设计变更单需经新校区建设指挥部副总指挥签字审批；设计变更涉及金额在十万元至五十万元之间的，设计变更单需经新校区建设指挥部总指挥签字审批；设计变更涉及金额在五十万元以上的，设计变更单需经学校党委会审批通过。

为了防止设计变更引起建设成本发生变化，高校新校区建设项目在实施过程中，对于必须进行设计变更的项目，新校区建设指挥部和监理单位要尽早批准设计变更，在高校新校区建设项目实施阶段早期发生的设计变更所涉及的金额相对较少，造成的损失相对较小。

（三）加强监控人工、材料和机械管理

高校新校区建设项目实施阶段成本管理的主要工作是监控高校新校区建设项目实施阶段所涉及的人工、材料和机械设备成本。

高校新校区建设项目管理中，成本的控制和管理往往会受到很多因素的影响。对于新校区建设指挥部的管理人员来说所需要考虑的方面就比较多，这就加重了新校区建设指挥部管理人员的工作内容和强度，长久以来就容易在成本管理上出现纰漏。因此对于成本控制的方式和方法要进行优化和调整。在实际的成本控制工作中要加强对相关工作的监督，将监督落实到每一个环节，防止出现管理上的漏洞。新校区建设指挥部的管理人员应当不断优化自身的工作方法，在保证工作质量的前提下尽量降低工作的压力，保证高质量的成本控制管理。在管理建筑成本时，有必要建立一个完善的管理系统。采用责任制和奖惩制度，对各个单体项目的成本和费用进行计算、分析和比较，鼓励和奖励在成本控制方面业绩突出的各单体的实施人员和管理人员。

高校新校区建设项目的建设需要使用大量的建筑材料和建筑设备。材料和设备在购买前，高校新校区建设项目实施单位应通过工程计算方式进行评估，以防止过度购买，导致大部分资金浪费。

新校区建设指挥部及实施单位应该对高校新校区建设项目实施现场的工人就材料的成本管理给予适当的培训，使他们能够正确地使用施工材料和机械设备，确保遵守规章制度以及使用规则和条例，以减少不必要的资源浪费及损耗。高校新校区建设项目实施单位的施工人员和新校区建设项目的管理人员都有责任落实控制建设项目成本的计划，提升各种工程资源的实际使用效率。

（四）推动成本信息化管理

工程造价成本信息化，实质上指的就是在先前较为传统的工程造价成本控制的基础之上，引入先进化的网络通信技术以及计算机技术，更新工程造价成本控制行业发展的一贯模式，推动工程造价成本控制走向标准化以及科学化的道路，提升工程造价成本控制管理工作的水平。工程造价成本控制信息化在未来发展之中有着十分重要的意义。另外，工程造价成本控制信息化建设同样也需要一个科学、合理的规范体系来协助。强化信息化建设的力度，应用各类现代化方式，比如计算机网络，将当下最新的价格信息广而告之，从而保障其很好地为工程造价成本控制服务，这也是加大工程造价成本控制管理水平的关键措施。

综上所述，高校新校区建设项目实施单位和新校区建设指挥部要一起努力采取有效措施着重加强成本控制。在健全的高校新校区建设项目管理体系基础上，强化各参建单位的协调配合，优选质优价廉的建筑材料，提高施工技术，减少材料消耗，提升设备有效利用率，组建综合素质高、专业水平强的施工队伍，并管理好额外费用支出。总之，要将合理高效的成本管控措施贯穿于高校新校区建设项目建设始终，有效降低施工成本，保证高校新校区建设项目高质按期完工。

第四节　鲁迅美术学院新校区建设项目实施阶段相关工作流程

一、现场签证审批流程

（一）总包单位签证

1. 总包单位分别向现场监理及建设单位现场工程师提出签证事项；

2. 总包单位负责工程人员、现场监理、工程部负责人、建设单位现场工程师、审计人员现场共同确认；

3. 总包单位填写签证单，项目经理签字、盖章；

4. 现场监理和总监签字、盖章；

5. 建设单位现场工程师正式受理签证单，并送造价所人员核量（或核价）后共同签字确认；

6. 工程部负责人签字确认；

7. 副总指挥签字、盖章确认；签证造价超 5 万元需总指挥签字；

8. 经审计办审核后（审计办留存原件一份），建设单位现场工程师分发签证单：指挥部一份（原件存档，复印件分发相关人员）、总包单位原件二份。

注：该审批流程原件一式四份（建设单位、总包单位各二份）。

（二）暂估价工程（分包）签证

1. 分包单位向总包单位提出签证事项；

2. 总包单位分别向现场监理及建设单位现场工程师提出签证事项；

3. 总包、分包单位负责工程人员、现场监理、建设单位现场工程师、审计人员现场共同确认；

4. 分包单位填写签证单，项目经理签字、盖章；

5. 总包单位项目经理签字、盖章；

6. 现场监理和总监签字、盖章；

7. 建设单位现场工程师正式受理签证单，并送造价所人员核量（或核价）后共同签字确认；

8. 工程部负责人签字确认；

9. 副总指挥签字、盖章确认（签证总造价超 5 万元需总指挥签字）；

10. 经审计办审核后（审计办留存原件一份），建设单位现场工程师分发签证单：指挥部一份（原件存档，复印件分发相关人员）、总分包单位原件三份。

注：该审批流程原件一式五份（建设单位二份、总分包单位三份）。

二、技术联系单（含技术变更）审批流程

（一）总包单位提出

1. 总包单位、指挥部、监理、设计院口头协商；

2. 总包单位填写技术联系事项，项目经理签字、盖章；

3. 现场监理和总监签字、盖章；

4. 建设单位正式受理技术联系单（含技术变更），并送造价所人员复核记录后，共同签字确认；

5. 工程部负责人签字确认；

6. 副总指挥签字、盖章确认（变更估算总造价超 5 万元需总指挥签字）；

7. 设计院签字、盖章（留存原件一份）；

8. 经审计办审核后（审计办留存原件一份），建设单位现场工程师分发技术联系单（含技术变更）：指挥部一份（原件存档，复印件分发相关人员）、总包单位原件二份。

注：1. 该审批流程原件一式五份（建设单位、总包单位各二份、设计院一份）；

2. 总包单位无权擅自变更。

（二）分包单位提出

1. 分包单位、总包单位、指挥部、监理、设计院口头协商；

2. 分包单位填写技术联系事项，项目经理签字、盖章；

3. 总包单位项目经理签字、盖章；

4. 监理单位现场监理和总监签字、盖章；

5. 建设单位正式受理技术联系单（含技术变更），并送造价所人员复核记录后，共同签字确认；

6. 工程部负责人签字确认；

7. 副总指挥签字、盖章确认（变更估算总价超 5 万元需总指挥签字）；

8. 设计院签字、盖章（留存原件一份）；

9. 经审计办审核后（审计办留存原件一份），建设单位现场工程师分发技术联系单（含技术变更）：指挥部一份（原件存档，复印件分发相关人员）、总分包单位原件三份。

注：1. 该审批流程原件一式六份（建设单位二份、总分包单位三份、设计院一份）；

2. 总分包单位无权擅自变更。

（三）建设单位或监理单位提出

1. 施工单位填写技术联系事项，项目经理签字、盖章；

2. 其他流程见前第一条或第二条。

（四）设计院提出

1. 设计院出设计变更图或变更通知单；

2. 建设单位现场工程师分发设计变更图或变更通知单，份数见第一条或第二条。

三、材料价格审批流程

（一）总包单位施工部分

1. 总包单位填写材料价格确认单，项目经理签字、盖章；

2. 建设单位现场工程师正式受理，指挥部委派询价小组询价，审计人员参与监督。询价小组提出询价报告，指挥部会同审计办确定价格，报主管领导审批；

3. 建设单位现场工程师分发材料价格确认单：审计办指挥部各一份（原件存档，复印件分发相关人员）、总包单位原件二份。

注：该审批流程原件一式四份（建设单位、总包单位各二份）。

（二）分包单位施工部分

1. 分包单位填写材料价格确认单，项目经理签字、盖章；

2. 总包单位项目经理签字、盖章；

3. 建设单位现场工程师正式受理，指挥部委派询价小组询价，审计人员参与监督。询价小组提出询价报告，指挥部会同审计办确定价格，报主管领导审批；

4. 建设单位现场工程师分发材料价格确认单：审计办指挥部各一份（原件存档，复印件分发相关人员）、总分包单位原件三份。

注：该审批流程原件一式五份（建设单位二份、总分包单位三份）。

四、形象进度审批流程

（一）总包单位

1. 总包单位按月（暂定每月 25 日）填报形象进度确认单，并附实际完成工程进度横道图及形象进度照片，项目经理签字、盖章；

2. 现场监理和总监签字、盖章；

3. 建设单位正式受理形象进度确认单，建设单位现场工程师签字确认；

4. 工程部负责人签字确认；

5. 副总指挥签字、盖章确认；

6. 经审计办审核后（审计办留存原件一份），建设单位现场工程师分发形象进度确认单：指挥部一份（原件存档，复印件分发相关人员）、总包单位原件二份。

注：该审批流程原件一式四份（建设单位、总包单位各二份）。

（二）分包单位（暂估价工程）

1. 分包单位填报形象进度确认单，并附实际完成工程进度横道图及形象进度照片，项目经理签字、盖章；

2. 总包单位项目经理签字、盖章；

3. 现场监理和总监签字、盖章；

4. 建设单位正式受理形象进度确认单，建设单位现场工程师签字确认；

5. 工程部负责人签字确认；

6. 副总指挥签字、盖章确认；

7. 经审计办审核后（审计办留存原件一份），建设单位现场工程师分发形象进度确认单：指挥部一份（原件存档，复印件分发相关人员）、总分包单位三份。

注：该审批流程原件一式五份（建设单位二份、总分包单位三份）。

五、工程款拨付流程

1. 总包单位提出工程款拨付申请单（附已确认的形象进度确认单的各单体申请工程款金额明细表），项目经理签字、盖章；

2. 现场监理、总监根据工程实际完成质量、进度、服从管理等情况，在工程款拨付申请单上签署付款意见并签字、盖章；

3. 建设单位现场工程师正式受理并转造价所核价；

4. 造价所依据形象进度、合同等核价后，签署应付款意见；

5. 总指挥、副总指挥、财务部、工程部、综合部负责人及审计办负责人根据实际资金情况议定工程款拨付金额，在工程款拨付申请单上签字确认，并加盖指挥部公章；

6. 总包单位开具正式工程款发票，总指挥、副总指挥、工程部负责人签字后转综合部办理。

注：总包单位取款需指定专人办理，且有总包单位授权委托书在综合部备案。

第八章

高校新校区建设项目竣工阶段项目管理

第一节　高校新校区建设项目竣工阶段的验收管理

　　高校新校区建设项目的竣工验收工作的开展意味着高校新校区建设项目即将完工投入使用。作为高校新校区建设项目管理中的最后一个环节，竣工验收阶段管理的重要性可想而知。竣工验收管理是高校新校区建设项目管理的关键一环，通过竣工验收工作的开展可以对高校新校区建设项目的建设情况进行全面考核，同时也可以总结建设中存在的经验和教训，为下一个标段的建设积累经验。新校区建设指挥部应认真做好高校新校区建设项目的竣工验收工作。

　　在高校新校区建设项目竣工验收阶段，实施单位作为竣工验收的交工主体应向作为验收主体的新校区建设指挥部提交竣工验收申请。对于实行分包的工程，分包单位应按相关验收标准进行分包工程的竣工验收工作，并将竣工验收结论及竣工验收资料交总包单位，并由总包单位对竣工验收资料进行汇总。实施单位应在自查合格的基础上，再向新校区建设指挥部提交竣工验收申请。

　　实施单位要编制项目竣工验收计划，全面负责高校新校区建设项目竣工验收前的各项准备工作。新校区建设指挥部管理人员应会同监理单位、实施单位对高校新校区建设项目整体进行逐项检查。参加竣工验收的各个单位的验收人员要认真仔细地对高校新校区建设项目的各个细节工程进行深入的检查和验收。依据设计图纸及合同的要求，对于与相关规范要求不符的地方一经发现，必须认真详细记录在册。对于需要完善修整的工程以及达不到规范要求的工程，必须要求实施单位在规定的时间内完成返修和整改工作。

在验收过程中，如发现涉及在校师生生命财产安全的工程隐患，一定要加以重视，并对其进行彻底的整改，以保证在高校新校区建设项目投入使用过程中在校师生的人身安全。

新校区建设指挥部和监理单位要加强对高校新校区建设项目实施单位在项目竣工验收阶段的督促和监管，努力做好竣工验收工作。坚决防止因在竣工验收阶段中出现工作失误，而导致因某项不合格的施工项目未被发现，进而在高校新校区建设项目交付使用后出现大量质量问题的情况发生。高校新校区建设项目在交付使用后再进行返修不仅会造成资金的浪费，还会形成难以确定的安全隐患，更会对缺陷责任期满后的工程质保金的退还造成影响。

第二节　高校新校区建设项目竣工阶段的结算管理

一、做好结算基础工作

高校新校区建设项目的竣工阶段的结算能真实地反映高校新校区建设项目的实际投资额，也能客观地反映出新校区建设指挥部管理人员在造价成本控制方面的管理能力，同时也是对高校新校区建设项目建设成果的总体检测。新校区建设指挥部要加强和重视高校新校区建设项目竣工阶段的结算管理工作，制定具体的结算审核制度，确保高校新校区建设项目竣工阶段的结算管理工作保质保量地完成。

　　高校新校区建设项目的实施单位在竣工结算阶段经常会套用定额单价和取费标准、冒算多算等手段编制工程结算书，以达到提高工程造价的效果。新校区建设指挥部在这一阶段应做好高校新校区建设项目全过程相关投资控制资料的归纳集合以及整理工作，以保证竣工结算工作的顺利进行。在高校新校区建设项目实施阶段，成本控制管理属于全过程控制范围。在结算过程中，对于每个环节控制点的工程签证、工程计量、设计变更以及索赔的核定须在竣工结算时进行重新归集汇总。高校新校区建设项目竣工结算的阶段，新校区建设指挥部的造价管理人员在对实施单位上报的工程竣工结算进行初步审核之后，还需要新校区建设指挥部的工程及技术管理人员对初步审核结果进行二级复核以及三级复核，从而确保审核结果符合高校新校区建设项目的实际情况，并达到规范所要求的客观性、合理性以及合规性。

　　在实际操作中，新校区建设指挥部的造价管理人员要对实施单位上报的高校新校区建设项目竣工结算资料的真实性、准确性、完整性、全面性和合规性进行详细审核。竣工结算资料中涉及的竣工项目的内容要符合合同条款的约定，项目要通过由新校区建设指挥部组织，实施单位、监理单位和工程质量监管部门参加的竣工验收的考核。对于隐蔽工程需要实施单位提供高校新校区建设项目所涉及的全部隐蔽工程验收记录，验收记录需要监理单位签字确认。设计变更及工程签证，需要按照程序制度约定，经原设计单位、新校区建设指挥部和监理单位签字确认。竣工结算计算书的工程量计算规则及定额清单的套用应符合合同、招投标文件及相关规范约定的结算办法、计价依据、取费标准、主材价格、优惠与承诺条件等。

　　新校区建设指挥部将审核后的竣工结算资料报送高校新校区建设项目所在地政府财政部门进行再次审核，最终完成高校新校区建设项目的结算工作。新校区建设指挥部、项目实施单位、监理单位应全力配合政府财政部门对高校新校区建设项目的竣工结算的审核工作。

二、适当依靠造价机构完成结算工作

竣工结算管理工作的专业技术性相对较强，大多数高校的专业设置中并没有建筑工程类的专业，所以在高校新校区建设项目的建设期间没有建筑工程的专业技术教师对新校区建设指挥部进行技术支持。高校岗位人数又受到省人事厅和教育厅的限制，不能及时按需招聘引进专业技术人才。这些因素导致高校新校区建设项目的结算管理人员严重不足、专业技术水平普遍不高。对于竣工结算审核工作来说，对口的专业技术人员更是严重缺乏。即使有的高校配备了对口的竣工结算审核人员，但该类人员也缺乏具体的实践经验。所以，高校新校区建设项目的竣工结算审核工作可以由新校区建设指挥部委托造价咨询单位完成。新校区建设指挥部主要负责与造价咨询单位签订规范的造价咨询合同。在高校新校区建设项目竣工阶段的结算审核过程中，新校区建设指挥部要认真监督、检查造价咨询单位的工作，及时向造价咨询单位提供高校新校区建设项目实施现场的情况资料。新校区建设指挥部要根据实际情况制定竣工阶段结算审核工作制度，对造价咨询单位的服务质量和标准、服务进度、廉洁要求等方面做出明确的规定。造价咨询单位负责对高校新校区建设项目实施单位上报的竣工结算计算书进行审核，从而减轻了新校区建设指挥部在竣工阶段结算审核工作的难度和工作压力，使高校新校区建设项目竣工阶段的结算审核工作更规范，更高效。

第三节　高校新校区建设项目竣工阶段的档案管理

　　高校新校区建设项目的档案管理工作要根据项目所在地相关建设档案管理部门要求的内容和形式进行管理。建立档案专人整理、分块负责的管理模式。高校新校区建设项目实施前、竣工后的档案资料，需要由专职档案的管理人员负责收集整理归档工作。高校新校区建设项目工程施工实施过程中的资料应由新校区建设指挥部下设的工程管理部门派专职档案的管理人员负责收集及整理。与高校新校区建设项目管理密切相关的设计变更、工程签证、竣工验收资料、经参建各方签字确认的项目资料、各类计划报表、例会纪要、各方来往函件等资料，在高校新校区建设项目实施阶段由各单体的项目管理人员分类收集整理保存。资料管理人员在日常工作中应重视资料的分类分时间段的存放，建设资料的存放秩序要有利于高校新校区建设项目实施阶段查阅与使用，并保证建设资料的齐全性与真实性，同时保证建设项目资料的可追溯性。高校新校区建设项目竣工后，应由专职档案的管理人员集中将高校新校区建设项目各单位各类型的资料汇总并进行系统的整理后交档案室（馆）保存备案（备查）。档案管理人员在完成本学校要求的高校新校区建设项目的档案存档工作之后，要将整理好的项目档案上报至高校新校区建设项目所在地的城市档案馆及相关政府部门存档备查。

　　完整的工程项目档案资料是新校区工程项目竣工决算的重要依据。系统完善的高校新校区建设项目档案资料包括变更通知书、洽商记录、会议纪要、工程相片及录像等。它是工程项目建设过程的真实写照，是工程结算及日后管理维修的依据。由于高校新校区建设项目的单体数量多、建设周期时间紧、建设任务重、参建单位多，稍有不慎就有可能造成建设档案资料的丢失。所以要利用工程项目档案资料信息系统进行档案管理，才可以保证建设档案资料的完整性和连续性，同时也可以保证工程项目竣工结算的准确性，使高校新校区建设项目的工程造价成本得到有效控制。

第四节　　高校新校区建设项目竣工阶段的移交管理

高校新校区建设项目的竣工验收结算阶段结束之后，新校区建设指挥部要制定一系列的项目竣工移交制度，以规范高校新校区建设项目的移交程序，明确在高校新校区建设项目移交过程中新校区建设指挥部及各使用部门和后期维护管理部门各自的职责。高校新校区建设项目的工程移交给使用部门所用的时间要尽量缩短，尽量避免因程序上的束缚导致高校新校区建设项目不能尽快投入使用。高校新校区建设项目的工程移交工作根据实际情况可分为集中移交和按照建筑单体逐个移交。

| 结束语 |

近年来，我国高等教育事业的发展取得了巨大的成就，很多高校均落实了国家就高等教育的发展提出的"共建、调整、合作、合并"的政策，高等教育管理体制和结构布局有了一定的调整。但从整体上看，我国高等教育的发展与发达国家相比较还存在着差距。高等教育事业的发展与我国整个教育事业的发展息息相关，与我国人才培养一脉相连，更与我国未来的社会主义建设脉脉相通。所以我国高等教育事业的发展之路任重且道远。与此同时，为了给高等教育事业做好保障，高校新校区建设项目管理就要从管理上下功夫，向管理要成绩。

高校新校区建设项目的建设与管理是新时代我国高等教育发展大趋势中的一项系统工程，随着我国近年来教育科学事业的不断变化，高校新校区建设项目的建设和管理工作也要随之不断创新与改进，争取达到高校新校区建设项目管理工作的最高目标：在建设中做管理，在管理中教育人。高校工作人员应该携手共进、齐心协力，为中国高等教育事业贡献出自己的一份力量。

参考文献

[1] 韦明. 勘察设计企业多项目管理研究. 南京理工大学硕士论文 [D]. 2006.

[2] 周俊杰，张献华，刘志刚. 信息系统项目管理研究——项目管理流程. 国土资源信息化. 2003（01）.

[3] 汤彪. 高校新校区建设管理的若干问题探析. 亚太教育 [J]. 2015（13）.

[4] 李象群. 关于创建鲁艺文化创意产业园，加速鲁美新校区建设的提案. 雕塑 [J]. 2021（02）.

[5] 陈诗铨. 破解高校新校区建设的资金瓶颈. 政协天地 [J]. 2006（08）.

[6] 惠碧仙，黄英维. 运用资产置换方式建设高校新校区. 会计之友 [J]. 2005（11）.

[7] 程达虹，李隽，刘宏伟. 高校新校区规划设计与施工管理中问题的探讨. 建筑管理现代化 [J]. 2007（04）.

[8] 王胜本，高志敏. 高校新校区建设中的规划工作的思考. 河北工程大学学报（社会科学版）[J]. 2007（04）.

[9] 沈小在. 高校基建信息管理研究. 国外建材科技 [J]. 2005（06）.

[10] 谢兰凤，郭晓. 立足新起点踏上新征程——两会代表委员为

新时代艺术教育发展建言献策. 艺术教育 ［J］. 2021 （04）.

［11］曾雪芳. 高校建设项目管理研究. 石河子大学硕士论文 ［D］. 2016.

［12］龚宏. 工程建设项目招标采购方案的制定. 安徽冶金科技职业学院学报. 2010 （20）.

［13］张宁宁. 高校新校区建设管理工作的若干经验. 科技资讯. 2012 （25）.

［14］周慧，吕云霞. 高校新校区建设工程合同管理问题研究. 昆明冶金高等专科学校学报. 2017 （02）.

［15］周楠. 论施工现场工程管理的创新与实践. 四川水泥 ［J］. 2015 （12）.

［16］郭将. 谈如何做好施工现场工程管理创新与实践. 工程技术研究 ［J］. 2017 （11）.

［17］安建辉. 建筑工程项目管理成本控制策略. 绿色环保建材 ［J］. 2018 （09）.

［18］叶翁强. 谈施工现场工程管理创新与实践. 低碳世界 ［J］. 2016 （11）.

| 后 记 |

2020 年，是我人生中非常重要的一年，我经历了年初的初为人母，年末的高级工程师成功评选，这一年给了我太多的惊喜与回馈。2021 年初，为了纪念我在鲁迅美术学院工作 10 周年，为了给自己所从事的专业做一个阶段性的总结，我决定写一本与专业相关的著作。

于是，我开始了漫长的收集资料的过程。在书稿完成 80% 之际，本书幸运地获得了鲁迅美术学院学术著作出版基金的资助，为此，我心怀感恩。与此同时，我也幸运地遇到了新华出版社的徐文贤编辑，他对我的著作提出了很多宝贵的建议和意见。时间如白驹过隙，转眼间这本书已经完稿。

感谢一路走来一直陪在我身边的亲人、朋友、同事们。感谢你们在生活和工作中对我的包容、支持和理解。感谢你们帮我解决了一切后顾之忧，让我有充足的时间安心写作。因为有了来自你们的鼓励和支持，让我可以心无旁鹜地完成本书的写作。

高校新校区建设项目管理是我国高等教育发展方向规划管理的研究任务之一。本书对高校新校区建设项目管理进行了详细研究，在写作过程中，我查阅了国内外很多资料和文献，查看了很多与之相关的最新研究成果，这些资料、文献和研究成果对我有很大的启发。在此，对本书参考文献中提及的诸位学者表示诚挚的感谢。

　　我将不忘初心、专心致志于本职工作，以回报所有关心、帮助我的良师益友。

作　者

2021 年 **7** 月